乡村人才振兴培训系列教材

农村信贷与农业保险

芮 敏 冯玉景 田彩梅 主编

中国农业科学技术出版社

图书在版编目（CIP）数据

农村信贷与农业保险 / 芮敏，冯玉景，田彩梅主编 . --北京：中国农业科学技术出版社，2021. 7（2022. 1 重印）

ISBN 978-7-5116-5368-0

Ⅰ. ①农… Ⅱ. ①芮… ②冯… ③田… Ⅲ. ①农业信贷-研究-中国②农业保险-研究-中国 Ⅳ. ①F832. 43②F842. 66

中国版本图书馆 CIP 数据核字（2021）第 114623 号

责任编辑 张志花
责任校对 马广洋
责任印制 姜义伟 王思文

出 版 者 中国农业科学技术出版社
北京市中关村南大街 12 号 邮编：100081
电 话 (010)82106636(编辑室) (010)82109702(发行部)
(010)82109709(读者服务部)
传 真 (010)82106631
网 址 http://www. castp. cn
经 销 者 各地新华书店
印 刷 者 北京地大彩印有限公司
开 本 140 mm×203 mm 1/32
印 张 6. 125
字 数 150 千字
版 次 2021 年 7 月第 1 版 2022 年 1 月第 2 次印刷
定 价 28. 20 元

编委会

前言

农村信贷是指在我国农村地域范围内，以农村金融组织为中介的货币借贷行为。农业保险是专为农业生产者在从事种植业、林业、畜牧业和渔业生产过程中，对遭受自然灾害、意外事故疫病、疾病等保险事故所造成的经济损失提供保障的一种保险。农村信贷与农业保险是农村和农业发展不可或缺的两个重要支撑力量。

随着我国经济的发展与农村金融改革，我国的农业迎来了快速发展的新机遇，但相应的农村信贷制度与农业保险尚未得到完善。与此同时，越来越多的农民特别是种养大户、家庭农场、合作社等新型农业经营主体，希望能够依靠金融服务满足其贷款需求，依靠农业保险化解农业生产中面临的风险。

本书围绕农村信贷与农业保险两个方面展开介绍，主要包括农村信贷概述、农村信贷机构、农村信贷申请、贷款偿还、农村信贷风险防范、农业保险概述、种植业保险、畜牧业保险、渔业保险 9 章内容。

由于编写时间仓促，再加上编者水平有限，书中难免存在不足之处，敬请广大读者批评指正，以便再版时得以修订和完善。

编　者

2021 年 2 月

目录

第一部分　农村信贷

第二部分　农业保险

第一部分　农村信贷

第一章　农村信贷概述

第一节　农村信贷的概念和特点

一、农村信贷的概念

农村信贷是“农村”和“信贷”两个词汇的组合，其含义是指在我国农村地域范围内，以农村金融组织为中介的货币借贷行为。目前，经营农村信贷业务的金融机构主要是遍布广大农村的中国农业银行、中国农业发展银行、农村信用合作社等。在统一的农村金融体系中，中国农业银行在经济实力上占有优势，在整个农村信贷活动中居于主导地位。农村信用合作社是农村金融体系的基础。

二、农村信贷的特点

（一）范围广泛

农村信贷涉及农村各种所有制、各个领域，它包括如下4方面。

一是从事农、林、牧、副、渔等各业的承包户、专业户和农村合作经营单位。

二是经有关部门批准实行独立核算的乡（镇）办、村办、组办、户办和各种形式的联办企业或新的经济联合体。

三是有经营收入和还款有保证的农村文教卫生、科研等事业单位。

四是经有关部门批准从事手工业、商业、运输、建筑、服务业等农村个体经济户和经济联合体。

除此以外，资金实力雄厚的信用社还可以对国家专业银行信贷范围内的企业、事业单位发放贷款。当然，由于信用社的性质决定其贷款支持的重点是农业生产，其他只能在满足农业生产资金有余的前提下量力而行地支持。

（二）灵活性强

信用社按照比例管理的原则，独立自主地经营信贷业务，充分发挥民间借贷作用，引导农村资金合理流动。

1. 贷款范围和用途上的灵活性

信用社发放贷款的用途和范围是在保证农业生产所需资金的前提下，依据国家产业政策，根据自己的资金力量确定“资金使用序列”。

2. 自有资金比例和贷款期限，可以适当灵活

信用社发放贷款，在符合国家政策、法令和贷款原则、确保经济效益和按期收回的条件下，对于使用贷款客户的自有资金比例可以适当放宽。对流动资金贷款，按企业定额流动资产计算，自有流动比例只要不低于30%；固定资金贷款，按项目投资总额计算，自有资金比例不低于50%即可。

3. 在贷款手续上适当灵活

办理贷款手续简单、灵活。

4. 贷款利率确定灵活

现行政策规定，信用社各项贷款上浮的幅度不超过银行同档次基准利率的60%。

(三) 信用社贷款资金运动带有明显的区域性特点

信用社在资金有余的情况下，可以各种形式对本区域外，甚至包括城市贷款或拆借资金。但它毕竟首先保证本区域内经济发展的资金需要。

随着商品经济和横向联合经济的发展，信用社信贷资金实力不断增强，信用社贷款的区域性将会逐渐淡化甚至消失。

第二节　农村信贷现状

一、农民信贷困境

第一，农民抵押物价值有限。按照我国法律，只有拿到耕地经营权证、宅基地上所建房屋房产证的农民，才可以凭借这“两证”去银行抵押贷款。但是通常情况下，农民的土地和房屋即使可以被银行视作抵押物，能够贷到的金额也非常有限。

第二，发展农业项目，一次性投入高，回报周期慢。尤其是发展花卉苗木或者经济林果，至少需要三五年的时间才能基本收支相抵，要想赢得利润恐怕需要更长的时间。但是，银行为了确保资金安全，通常贷款期限控制在1年以内，这就为农民还贷带来了难度。

两个问题长期难以解决，容易形成这样的现象：一方面，在银行看来，农民还款能力不足，资金支配存在风险，不是银行眼中的优质客户。另一方面，农民知道去银行贷款难度极高、还款压力很大，只好选择民间高利贷和一些地下钱庄来解决燃眉之急。但这些非正规金融机构风险高、利息高，甚至游离于法律监管之外的灰色地带，对于农民来说，显然不是最优的贷款渠道。

二、农村信贷存在的问题

1. 结构性供给失衡

农村金融信贷产品缺乏创新，信贷产品服务供给不足与农村日益多元化的信贷需求之间的矛盾是农村信贷矛盾的主要表现。体现为：产品种类单一，结构不合理，多集中在大额贷款和农户小额贷款两头，中等额度信贷规模较小；交易成本较高，贷款利率普遍上浮较多，基本接近民间借贷的利率水平；借款人资格条件要求高，期限短且手续烦琐，难以满足农村生产经营多样化的需求。近年来，随着农村市场化程度的提高和产业分化转型的迅速发展，出现了个体专业户、民营企业等更多的组织形式，主要的种植业、养殖业逐渐从散养、散种向规模化、合作化、产业化转变；从农业中脱离出来的个体工商户及农副产品加工、仓储、流通、销售企业增长较快，消费性信贷需求不断增加，农村经济的发展对金融信贷产品和服务的要求趋向多样化、多层次化。其中贷款需求额度在提高，且多数为中长期。目前，农村金融信贷产品主要以农户小额信用贷款、农户联保贷款和抵押或质押贷款为主。农村金融信贷产品的创新滞后和服务的脱节已经不能再与农村经济的需求保持一致。

2. 农村土地资本化未真正形成

仅仅赋予农村土地承包经营权抵押、担保权能，农民住房财产权可抵押、担保、转让，土地的资产化并未真正形成，难以体现其价值。同时，土地产权不完整，难以为农村金融提供合格抵押品，银行也很难感兴趣。中共十八届三中全会从建立城乡统一建设用地市场等角度对土地制度改革作出了部署，这将促使土地制度更好地支撑中国经济社会发展。但是仅仅在一些地方试点，如成都，在具体的实施上还存在很多问题亟待解决，农村土地产权不完整、不明晰的问题给借款人和银行之间挖了一道鸿沟，一方面需要资金去发展，一方面是农村商业银行（简称农商行）存款份额在县域一家独大，却因为没有合格的抵押品，为防范风险，其惜贷拒贷。存贷比监管指标的放开也不能有效刺激农商行给予农村实体经济发展提供强有力的金融支持。

3. 农村信用体系建设的滞后性

农商行在完成股份制改革以后，与国有大型股份制商业银行和城商行相比仍有着巨大差距，缺乏明确的法律依据，没有明确针对农村信用体系建设的法律、法规，对农户信息采集、加工、管理、使用、披露等环节没有明确的规范，构建农村征信体系无法可循、无法按章操作。另外，由于我国征信业起步较晚，对于信用意识和信用行为记录的关注度比较低，而且受地区经济发展落后、受教育程度和金融知识普及较少等因素影响，农村地区整体信用意识不高，造成了推进农村信用体系建设的一定困难。在农村信用评级上尚无统一明确的标准，而且由于农户个人流动性强、注重隐私、收入不确定等因素，难以准确把握其相关信息，进而加大了信用评级的难度，造成了信用评级结果难以反映被评对象真实的偿债能力和信用情况。

第二章　农村信贷机构

第一节　银行金融机构

银行金融机构是农村信贷机构中非常重要的一部分，主要包括中国农业发展银行、中国农业银行、中国邮政储蓄银行、村镇银行等。

一、中国农业发展银行

1. 中国农业发展银行概述

中国农业发展银行成立于 1994 年，是直属国务院领导的中国唯一的农业政策性银行。主要职责是按照国家的法律法规和方针政策，以国家信用为基础筹集资金，承担农业政策性金融业务，代理财政支农资金的拨付，为农业和农村经济发展服务。其设立的背景可以从以下两个方面来分析。

(1) 专门从事农业政策性贷款业务，有利于专业银行尤其是农业银行的商业化。在中国农业发展银行设立以前，中国农业银行为专业银行，一身二职，既从事政策性金融业务，也从事商业性金融业务，无法准确考核其经营成果。成立中国农业发展银行就可以把农业银行、工商银行的有关农业政策性业务分离出去，有利于它们向商业银行转型。

（2）实现政策性收购资金的封闭运行，尽量减少基础货币的投放。在中国农业发展银行设立以前，中国农业银行等专业银行一身二职的状况形成了在资金上对中国人民银行的倒逼机制，不利于金融宏观调控。成立中国农业发展银行等政策性银行，就是想实现政策性收购资金的封闭运行，尽量减少基础货币的投放量，确保中国人民银行调控基础货币的主动权。

2. 中国农业发展银行的业务范围

中国农业发展银行的业务范围，由国家根据国民经济发展和宏观调控的需要并考虑到其承办能力来界定。中国农业发展银行成立以来，国务院对其业务范围进行过多次调整。目前，中国农业发展银行的主要业务如下。

（1）办理粮食、棉花、油料收购、储备、调销贷款。

（2）办理肉类、食糖、烟叶、羊毛、化肥等专项储备贷款。

（3）办理粮食、棉花、油料加工企业和农、林、牧、副、渔业的产业化龙头企业贷款。

（4）办理粮食、棉花、油料种子贷款。

（5）办理粮食仓储设施及棉花企业技术设备改造贷款。

（6）办理农业小企业贷款和农业科技贷款。

（7）办理农业基础设施建设贷款。支持范围限于农村路网、电网、水网（包括饮水工程）、信息网（邮政、电信）建设，农村能源和环境设施建设。

（8）办理农业综合开发贷款。支持范围限于农田水利基本建设、农业技术服务体系和农村流通体系建设。

（9）办理农业生产资料贷款。支持范围限于农业生产资料的流通和销售环节。

（10）代理财政支农资金的拨付。

（11）办理业务范围内企事业单位的存款及协议存款、同业存款等业务。

（12）办理开户企事业单位结算。

（13）发行金融债券。

（14）资金交易业务。

（15）办理代理保险、代理资金结算、代收代付等中间业务。

（16）办理粮棉油政策性贷款企业进出口贸易项下的国际结算业务以及与国际业务相配套的外汇存款、外汇汇款、同业外汇拆借、代客外汇买卖和结汇、售汇业务。

（17）办理经国务院或中国银行业监督管理委员会批准的其他业务。

（18）办理投资业务。

二、中国农业银行

（一）中国农业银行概述

中国农业银行成立于 1951 年，是中华人民共和国成立后设立的第一家商业银行。1979 年中国农业银行恢复成立，总部设在北京，成为在农村领域内占绝对主导地位的商业银行，目前是国内大型国有商业银行之一。1994 年、1996 年中国农业发展银行、农村信用社先后与其脱离行政关系。

面向"三农"、整体改制、商业运作、择机上市是2007年中国农业银行确定的总体原则。2009年，中国农业银行完成了工商变更登记手续，整体改制成为股份有限公司，全称为中国农业银行股份有限公司。2010年7月，中国农业银行分别在上海证券交易所和香港联合交易所挂牌上市。截至2016年末，中国农业银行境内分支机构共计23 682个，包括总行本部、总行营业部、3个总行专营机构，37个一级（直属）分行，365个二级分行（含省区分行营业部），3 506个一级支行（含直辖市、直属分行营业部，二级分行营业部）、19 714个基层营业机构以及55个其他机构。境外分支机构包括10家境外分行和3家境外代表处。中国农业银行拥有14家主要控股子公司，其中境内9家，境外5家。

（二）中国农业银行的业务范围

1. 主要金融业务

中国农业银行是国内网点最多、业务辐射范围最广的大型国有商业银行之一，能够办理国际、国内通行的各类金融业务。目前主要包括如下业务。

（1）人民币业务：吸收公众存款；发放短期、中期和长期贷款；办理国内外结算；办理票据贴现；发行金融债券；代理发行、代理兑付、承销政府债券；买卖政府债券；从事同业拆借；买卖、代理买卖外汇；提供信用证服务及担保；代理收付款项及代理保险业务等。

（2）外汇业务：外汇存款；外汇贷款；外汇汇款；外币兑

换；国际结算；外汇票据的承兑和贴现；外汇借款；外汇担保；结汇、售汇；发行和代理发行股票以外的外币有价证券；买卖和代理买卖股票以外的外币有价证券；代客外汇买卖；资信调查、咨询、见证业务。

2. 与农村金融相关的业务

与农村金融相关的业务主要包括“三农”个人产品、“三农”对公产品和县域中小企业金融服务。

(1)“三农”个人产品：主要包括金穗惠农卡、惠农信用卡、农户小额贷款、地震灾区农民住房贷款、农村个人生产经营贷款、县域工薪人员消费贷款等。

(2)“三农”县域中小企业金融服务：主要包括县域中小企业应收账款质押融资业务、县域中小企业产业集群多户联保信贷业务、“三农”特色农产品抵押贷款（黑龙江分行）、县域特色中小企业多户联保贷款（湖南分行）、小企业简式快速贷款、小企业多户联保贷款（山东分行）等。

(3)“三农”对公产品：主要包括县域中小企业动产质押融资、季节性收购贷款、县域商品流通市场建设贷款、化肥淡季商业储备贷款、农村城镇化贷款、农村基础设施建设贷款、农民专业合作社流动资金贷款、森林资源资产抵押贷款等。

三、中国邮政储蓄银行

（一）中国邮政储蓄银行概述

中国邮政储蓄银行有限责任公司于 2007 年 3 月 6 日正式成立，是在改革邮政储蓄管理体制的基础上组建的商业银行。2019

年2月11日，中国银行保险监督管理委员会发布银行业金融机构法人名单（截至2018年12月底），在机构类型中，中国邮政储蓄银行被列为国有大型商业银行，与工农中建交同列。这是首次在监管文件中将中国邮政储蓄银行列为国有大型商业银行，而在此前，其被单列为“邮储银行”。

中国邮政储蓄银行以大力支持新农村建设为经营目标。中国邮政储蓄银行的市场定位是：充分依托和发挥网络优势，完善城乡金融服务功能，以零售业务和中间业务为主，为城市社区和广大农村地区居民提供基础金融服务，与其他商业银行形成互补关系，支持社会主义新农村建设。

中国邮政储蓄银行还设立专门的农村金融服务部门，积极完善网络服务功能，面向“三农”开展业务。另外，中国邮政储蓄银行将通过加强与政策性银行和农村合作金融机构全面开展业务合作，进一步加大邮储资金支农力度，提高农村金融服务的覆盖面和满足度。

（二）中国邮政储蓄银行的业务范围

1. 对公业务

（1）储蓄业务。中国邮政储蓄银行为企业客户提供单位活期存款、单位定期存款、单位协定存款、单位通知存款等对公存款业务，客户存款资金安全无忧。

（2）结算业务。中国邮政储蓄银行向企事业单位提供票据、汇兑、委托收款等多样化的对公结算服务，保证企业在日常经济活动中实现便利、快捷的货币给付及其资金清算。服务范围包括：为企事业单位提供信汇结算、电汇结算、代收代付，为网络性企业提供个性化的资金归集等综合结算服务。

中国邮政储蓄银行结算服务资金实力雄厚，拥有充足的预付资金，保证企业日常大额用款需求；服务网点遍布城乡，为企业提供全国一体化的网络资金服务；“一级法人，分级授权经营”的管理体制，保障了风险合规的运营模式。

(3) 资产业务。

专项融资：中国邮政储蓄银行可为符合国家政策规定的企事业单位提供优惠的专项融资服务。主要适用于信用评级高的国家级涉农公用企业和公用工程，专项用于农村能源、公路、水利（含南水北调工程）、通信、循环经济和环境保护等基础设施建设。按照国家的相关政策，对于优质项目，中国邮政储蓄银行有着更加优惠的利率政策空间，可以为大型项目客户进一步降低融资成本。

项目贷款：中国邮政储蓄银行可向企业客户发放用于新建、扩建、改造、开发固定资产（不包括房地产）投资项目的贷款。项目贷款是以项目的资产、预期收益或权益作抵（质）押取得的一种无追索权或者有限追索权的债务融资。建设项目贷款一般为中长期贷款，也可用于项目临时周转用途的短期贷款，可为企业客户的长足发展和基础建设，提供有力的信贷支持。

银团贷款：中国邮政储蓄银行作为参与行，对企业发放用于新建、扩建、改造、开发大型固定资产投资项目的银团贷款。银团贷款一般为长期贷款。中国邮政储蓄银行依托自身强大的资金实力，按照国家的相关政策，为企业或项目提供银团融资的同时，将肩负起社会责任，积极支持地方经济建设。

小企业贷款：指中国邮政储蓄银行向小型企业法人客户提供的，用于企业正常生产经营周转资金需要的人民币担保贷款。中国邮政储蓄银行小企业贷款具有申请简便、审批效率高、贷款方式灵活等特点，可以采用土地房产抵押、存货质押或应收账款质押等多种担保方式。中国邮政储蓄银行小企业授信有效期限最长不超过2年，单笔贷款期限最长不超过18个月；单户最高额度不超过人民币500万元（含）；提供等额本息、阶段性等额本息、一次还本付息和按月付息到期一次还本等多种还款方式。

（4）理财业务。根据客户需求和客户资金状况，中国邮政储蓄银行帮助客户设定个性化的理财规划，合理运用资金，提升客户资金收益率。为客户提供量身定做的投资理财产品服务。按收益分配方式不同，公司理财产品可分为稳健系列产品（保证收益理财产品）、平衡系列产品（保本浮动收益理财产品）、成长系列产品（非保本浮动收益理财产品）。

（5）集团客户现金管理。集团客户现金管理是中国邮政储蓄银行为大型集团企业提供的集资金归集、预算管理、收入清分、额度管理、日间透支、内部计价、实时查询等功能于一体的综合性资金管理服务。根据不同行业资金管理需求的差异，中国邮政储蓄银行将有针对性地提供各大行业金融服务解决方案。

2. 个人业务

（1）储蓄存款业务。中国邮政储蓄银行为个人客户提供活期存款、一本通存款、个人存款证明、个人通知存款、定期存款、定活两便存款业务，客户存款资金安全无忧。

（2）个人结算业务。开办有电话银行汇款、预约转账、异地结算、国内汇兑、商易通、网上支付通、ATM/POS 业务。

（3）银行卡。中国邮政储蓄银行的银行卡有绿卡、绿卡通、绿卡贵宾金卡、淘宝绿卡、腾讯 QQ 联名卡、绿卡生肖卡（卡片印有“绿卡借记卡”字样）、绿卡外汇卡（但没有存款功能）、区域联名卡等。

（4）托管业务。中国邮政储蓄银行自取得证券投资基金托管资格，可托管证券投资基金、基金管理公司特定客户资产管理计划、银行理财产品、信托产品、证券公司集合资产管理计划等类型产品。中国邮政储蓄银行作为一家新兴的托管银行，从开放式基金、一对多专户理财等产品的托管起步，持续致力于托管业务的创新和发展，为投资者和合作伙伴提供安全可靠、优质精心的资产托管服务。

（5）小额贷款。小额贷款是指中国邮政储蓄银行向单一借款人发放的金额较小的贷款。农户小额贷款是指向农户发放的用于满足其农业种植、养殖或者其他与农村经济发展有关的生产经营活动资金需求的贷款。商户小额贷款是指向城乡地区从事生产、贸易等活动的私营企业主（包括个人独资企业主、合伙企业个人合伙人、有限责任公司个人股东等）、个体工商户和城镇个体经营者等微小企业主发放的用于满足其生产经营资金需求的贷款。

四、村镇银行

村镇银行是指经中国银行保险业监督管理委员会依据有关法

律、法规批准，由境内外金融机构、境内非金融机构企业法人、境内自然人出资，在农村地区设立的主要为当地农民、农业和农村经济发展提供金融服务的银行业金融机构。村镇银行的建立，有效填补了农村地区金融服务的空白，增加了农村地区的金融支持力度。

1. 设立条件

（1）有符合规定的章程。

（2）发起人或出资人应符合规定的条件，且发起人或出资人中应至少有 1 家银行业金融机构。

（3）在县（市）设村镇银行，注册资本不低于 300 万元人民币，在乡（镇）设立村镇银行，注册资本不低于 100 万元人民币。

（4）注册资本为实收货币资本，且由发起人或出资人一次性缴足。

（5）要有符合任职资格条件的董事和高级管理人员。

（6）有具备相应专业知识和从业经验的人员。

（7）有必需的组织机构和管理制度。

（8）有符合要求的营业场所、安全防范措施及与业务有关的其他措施。

（9）中国银行业监督管理委员会规定的其他审慎性条件。

2. 业务范围

村镇银行可经营吸收公众存款，发放短期、中期和长期贷款，办理国内结算，办理票据承兑与贴现，从事同业拆借，从事银行卡业务，代理发行、代理兑付、承销政府债券，代理收付款项及代理保险业务以及经银行业监督管理机构批准的其他业务。按照国家有关规定，村镇银行还可代理政策性银行、商业银行和保险公司、证券公司等金融机构的业务。村镇银行应建立适合自身业务发展的授信工作机制，合理确定不同借款人的授信额度。在授信额度以内，村镇银行可以采取一次授信、分次使用、循环放贷的方式发放贷款。村镇银行发放贷款应坚持小额、分散的原则，提高贷款覆盖面，防止贷款过度集中。村镇银行对同一借款人的贷款余额不得超过资本净额的5%，对单一集团企业客户的授信余额不得超过资本净额的10%。

3. 与商业银行区别

村镇银行主要为当地农民、农业和农村经济发展提供金融服务。以往，在中国农村只有农村信用社和只存不贷的邮政储蓄两种金融主体，金融服务的水平越来越无法满足农民的需求，因此建设村镇银行成为监管层大力推动的目标。在规模方面，村镇银行是真正意义上的“小银行”。在经营范围方面，村镇银行的功能相当齐全。根据规定，村镇银行可以吸收公众存款，发放短期、中期、长期贷款，办理国内结算、办理票据承兑与贴现，从事同业拆借、银行卡业务，代理发行、兑付、承销政府债券，代理收付款项及保险业务和银监会批准的其他业务。此外，村镇银行虽小，却是独立法人，区别于商业银行的分支机构，村镇银行信贷措施灵活、决策快。例如，栾川民丰村镇银行微贷部对于10万元以内的贷款，3个工作日内作出决定；10万~30万元的贷款，4个工作日内作出决定。

第二节 农村信用合作社

一、农村信用合作社的概念

农村信用合作社（简称农村信用社、农信社）指经中国人民银行批准设立、由社员入股组成、实行民主管理、主要为社员提供金融服务的农村合作金融机构。

农村信用社是独立的企业法人，以其全部资产对农村信用社债务承担责任，依法享有民事权利。其财产、合法权益和依法开展的业务活动受国家法律保护。其主要任务是筹集农村闲散资金，为农业、农民和农村经济发展提供金融服务。依照国家法律和金融政策规定，组织和调节农村基金，支持农业生产和农村综合发展，支持各种形式的合作经济和社员家庭经济，限制和打击高利贷。

二、农村信用社的业务范围

经中国人民银行批准，农村信用社可经营下列人民币业务。

①办理存款、贷款、票据贴现、国内结算业务；②办理个人储蓄业务；③代理其他银行的金融业务；④代理收付款项及受托代办保险业务；⑤买卖政府债券；⑥代理发行、代理兑付、承销政府债券；⑦提供保险箱业务；⑧由县联社统一办理资金融通调剂业务；⑨办理经中国人民银行批准的其他业务。

三、农村信用社在农村金融市场中的作用

农村信用社是农村金融市场中的主体力量，是为农民提供正规金融服务的关键机构，是促进农业发展、农村工商业发展的重要推动力。具体表现如下。

①农村信用社可以为农民提供储蓄和贷款服务、有效的媒介资金的供求双方、提高资金利用率、促进经济发展；②为农民提供中间业务，促进农村社会事业的发展，有利于促进农村的金融活动和城市的金融活动融为一体；③通过灵活优惠的利率政策引导民间借贷活动，稳定农村金融秩序；④通过接受国家有关金融监督机构和政府的监督管理，贯彻执行货币政策和金融法规，促进经济发展和币值稳定。

四、农村信用社为农民服务的方式

农村信用社主要是通过农户小额信贷以支持农业发展的形式为农民服务。按照农户信用等级或采取联保方式发放的小额贷款是农村信用社为农村市场提供的最适合产品。这种贷款方式对于农户来说，简化了贷款手续，而且有效降低了交易成本。

第三节　农村资金互助社

一、农村资金互助社概述

农村资金互助社是由银行业监管机构批准，由乡（镇）、行

政村农民和农村小企业自愿入股组成，为社员提供存款、贷款、结算等业务的社区互助性银行业金融机构。农村资金互助社实行社员民主管理，以服务社员为宗旨，谋求社员共同利益。农村资金互助社是独立企业法人。

中国银行业监督管理委员会规定，设立农村资金互助社必须有10名以上符合规定的社员条件要求的发起人；在乡（镇）设立的，注册资本不低于30万元人民币；在行政村设立的，注册资本不低于10万元人民币，注册资本应为实缴资本；农村资金互助社不得设立分支机构。按照规定要求，2007年3月9日，我国首家农村资金互助社百信农村资金互助社在吉林省梨树县闫家村正式挂牌营业，后来又设立了甘肃省景泰县龙湾村石林农村资金互助社、甘肃省岷县洮珠村岷鑫农村资金互助社、乐都县雨润镇兴乐农村资金互助社等。

农村资金互助社实行社员的民主、自主管理。例如，百信农村资金互助社的基本组织结构为三会一层，即由全体32户发起人组成社员大会，是互助社的最高权力机构；社员大会选举产生理事会和监事会，理事会负责日常的经营管理决策，监事会负责经营管理的监督并对社员大会负责；互助社设经营管理层，实行经理负责并由经理具体开展业务。社员大会主要起权力控制作用，对重大的决策事项通过召开社员大会或临时大会表决，或向社员发函征询意见(如本社的利率调整等)；理事会主要起民主决策作用，对重要的经营计划、人事调整、制度建设等进行民主决策；监事会有独立的监督权力，向社员大会负责；经理负责日常的经营管理，设会计、记账、出纳和业务员各一名，负责具体业务操作。

二、农村资金互助社的设立

1. 农村资金互助社的设立条件

（1）有符合监管部门规定要求的章程。

（2）有10名以上符合规定要求的发起人。

（3）有符合规定要求的注册资本。

（4）有符合任职资格的理事、经理和具备从业条件的工作人员。

（5）有符合条件的营业场所，安全防范设施和与业务有关的其他设施。

（6）有符合规定的组织机构和管理制度。

（7）银行业监管部门规定的其他条件。

2. 农村资金互助社的入股条件

（1）具有完全民事行为能力（完全民事行为能力是指法律赋予达到一定年龄和智力状态正常的公民通过自己独立的行为进行民事活动的能力）。

（2）户口所在地或经常居住地（本地有固定住所且居住满3年）在入股资金互助社所在乡镇或行政村内。

（3）入股资金为自有资金且来源合法，达到规定的入股金额起点。

（4）诚实守信，声誉良好。

入股限制：单个农民或单个农村小企业向资金互助社入股，其持股比例不得超过资金互助社股本总额的10%，超过5%的应经银行业监管部门批准。社员入股必须以货币出资，不得以实物、贷款或其他方式入股。

3. 农村资金互助社的社员权利和义务

（1）农村资金互助社社员享有下列权利。

参加社员大会，并享有表决权、选举权和被选举权，按照章程规定参加该社的民主管理，享受该社提供的各项服务；按照章程规定或者社员大会（社员代表大会）决议分享盈余；查阅该社的章程和社员大会（社员代表大会）、理事会、监事会的决议、财务会计报表及报告；向有关监督管理机构投诉和举报；章程规定的其他权利。

（2）农村资金互助社社员承担下列义务。

①执行社员大会（社员代表大会）的决议；②向该社入股；③按期足额偿还贷款本息；④按照规定承担亏损；⑤积极向本社反映情况，提供消息的来源。

三、农村资金互助社的资金运作

1. 农村资金互助社的资金来源

农村资金互助社的资金来源限制条件比较多，只允许吸收社员存款、接受社会捐赠资金和向其他银行业金融机构融入资金，不允许向非社员吸取存款。其中农村资金互助社接受社会捐赠时，应由属地银行业监督管理机构对捐赠人身份和资金来源合法性进行审核，只有满足审慎经营条件的互助社才有资格从银行业金融机构融入资金。较窄的融资渠道虽然导致互助社规模较小、服务范围较窄，但是却降低了经营风险。

2. 农村资金互助社的资金运用

农村资金互助社的资金主要用于发放社员贷款，满足社员贷款需求后确有富余的可存放于其他金融机构，也可购买国债和金融债券。农村资金互助社发放大额贷款、购买国债或金融债券、向其他银行业金融机构融入资金，应事先征求理事会、监事会意见。农村资金互助社不得向非社员发放贷款及办理其他业务。

互助社利率采取灵活的市场定价，根据民间借贷利率、农村金融机构贷款利率、本社信用建立情况和期限等，本着覆盖成本、保持可持续发展和有利于竞争与合作的原则，确定贷款利率。

四、农村资金互助社的风险防范

农村资金互助社是一种以成员为基础的资金融通机制，一般建立在地缘、血缘关系或者是人缘和人脉关系基础之上，成员之间相互了解，因此，与现代化的金融机构相比，它更具有一定的信息优势、担保优势、交易成本优势，并能够充分利用本地信息，这是农村资金互助社防范风险的天然优势，当然，这也是互助社具有顽强生命力的原因。资金互助社主要通过 8 个机制和制度防范风险。一是社员信用过滤机制，社员入社需由互助社成员介绍信用程度，培训小组经过集体考核信用进行过滤，对信用较差的给予否决，理事会把好社员入社第一道信用关，基本保证了入社社员的信用程度；二是自动充实风险资本机制，社员贷款最大杠杆率为 1∶10，即社员最高贷款不得超过自有股金的 10 倍，并要符合审慎监管要求；三是保证机制，社员申请贷款需由本社成员信用保证并承担贷款连带责任；四是激励与约束机制，社员贷款按期归还，给予信用保证人贷款利息额 20%的奖励，如违约将降低保证人的信用等级、停止股金的分红、停止贷款权力；五是信用评级，社员贷款由信用小组进行信用评级，借款人违约，信用评级成员信用降级；六是重大灾害共担机制，互助社对不可抗拒的重大事故造成的无力还款，经借款人申请、社区评定小组推荐、理事会会同监事会决定，提请社员大会表决，可以减息、停息、免息和核销贷款；七是项目风险保险机制，对项目自然风险较大并有一定规模的贷款，需要提供保险；八是对超过一定额度的大额贷款，需要与互助社交易，通过合作经济防范个体经济的市场风险。

农村资金互助社为社区互助性的银行业金融机构，因而其应受银行业监督管理机构监管。银行业监督管理机构对其资本充足率和资产风险状况进行差别监管。

第四节　小额贷款公司

一、小额贷款公司概述

组建小额贷款公司按照投资者自愿和地方政府自愿的“双自愿”原则，并遵循以下几条原则：一是试点小额贷款公司应是严格按照《中华人民共和国公司法》有关规定设立和运作的公司法人，其股东是自然人、个体工商户或企业法人，每个小额贷款组织的股东总数不超过 5 个，股东注册资金必须是实缴货币资金。二是试点小额贷款公司在当地政府牵头成立的试点协调小组指导下，依法在试点县（区）的工商行政管理部门注册登记，并向当地银监局和人民银行分支机构备案。三是试点小额贷款公司实行“只贷不存”，只能以股东合法的自有资金、捐赠资金以及来自一个主体的外部融资发放小额贷款，不得以任何形式吸收公众存款，不得发行债券或彩票。四是试点小额贷款公司只能在机构所在的县级行政区域内开展业务，不得跨行政区域经营。贷款对象仅限于农户、个体经营者和微型企业，业务运作坚持立足农村、服务“三农”。五是试点小额贷款公司发放的贷款利率由借贷双方在法定范围内自主协商确定。根据我国司法解释，这要求贷款利率不得超过人民银行规定的同期同档基准利率的4倍。

二、小额贷款公司的经营特点

一是“只贷不存”。我国现行设立的小额贷款公司只允许发放贷款，不允许吸收存款和以任何形式擅自或变相吸收存款。其资金来源主要是发起人自有资金、国际非政府组织或慈善机构的捐赠资金、单一来源的批发资金。

二是目标客户限于农村地区中低收入者，具体贷款对象为农户、小城镇居民、个体工商户及农村微小型企业。

三是利率水平较高。试点设立的小额贷款公司按照市场化原则进行经营，允许实行较高的利率，但贷款利率上限不得超过人民银行公布的同期同档次贷款基准利率的4倍，即不能搞“高利贷”。尽管小额贷款公司的利率水平比信用社的利率水平高，但由于门槛较低、手续简便、方便快捷的特点，很快就博得了广大贷款户的称赞，有效地解决了部分贷款户的资金周转困难问题。

四是贷款额度小。原则上最高单户贷款不超过注册资本金

（实缴货币资金）的 5%，平均单笔贷款（贷款余额/贷款笔数）不超过 10 万元人民币。例如，平遥县规定当地小额贷款公司用于当地农村经济的贷款比例不能低于 70%，单个农户贷款总额不超过 10 万元人民币。其中 5 万元以下的农户贷款比例不低于 75%。

五是经营区域有一定限制。试点设立的小额贷款公司只能在本县（市）行政区域内开展经营活动，不允许跨行政区经营。

三、小额贷款公司的操作管理

在担保方式方面，为了防范贷款出现风险，小额贷款公司根据农户的具体情况选择合适的担保方式以降低风险，如公司+农户担保、村委会担保、小组联保等方式。通过这些担保可以有效地降低农户的经营、信用等风险。

在贷款流程上，山西省平遥县日升隆小额贷款有限公司的贷款流程是“借款人申请—贷前调查—贷款审查签批—贷后管理”。在借款人提出借款申请后，公司开始对借款人进行贷前调查，贷前调查重点是贷款户经营的合法性、合规性及信用度情况，保证人的资金收入状况，抵（质）押物的合法性、有效性和流动性。经过繁杂的调查，审贷小组确认贷或不贷和贷款限额。随后在放贷期间内，信贷员还要对其进行跟踪，与贷款户经常保持联系，掌握贷款户的经营状况。

第五节　农村互联网金融机构

农村互联网金融是农村、互联网与金融相结合的产物，农村指服务的对象，互联网指服务的手段，金融指服务的内容。由于互联网低成本、高效率和跨时空的特性，互联网企业纷纷以其技术优势和平台优势争先进入农村金融领域，填补了大量农村金融服务的空白。同时长期服务“三农”领域的“三农”服务商，也纷纷利用互联网手段服务客户，此外，再加上互联网金融机构及传统金融机构的共同参与，目前构成了4类农村互联网金融机构：“三农”服务商、电商平台、P2P平台和传统金融机构。

一、“三农”服务商

“三农”服务商主要以村村乐、大北农为代表。

1. 村村乐

村村乐网是中国村镇的门户性网站，致力于推广、展示乡村的发展，提供相关的资讯信息，扩大村民间的交流和协作，共同发展，共同打造村民沟通交流的网络平台。

村村乐网站主要内容：展示乡镇动态，提供农业行业的走势信息，交流中国农村的发展经验，整合村庄资源，发展村域经济；传播致富信息，构建村庄信息网络平台；提供村庄产业发展新模式和解决方案，方便成员搜索查询；搭建村庄互动交流合作平台，为村庄的发展与创新创造新价值。村村乐还将成为最直接、最快捷的交流通道，并为会员、企业、行业提供全方位的资讯信息和服务。

2. 大北农

大北农集团依托平台交易数据，进行大数据分析，在对养殖户和经销商的信用了解的基础上，搭建农信网作为大北农的资信管理平台，并建立以信用为核心的普惠制服务体系。农信网具体嫁接了农富贷、农银贷、农富宝、扶持金4个服务板块。

“三农”服务商在农业产业领域深耕多年，积累了丰富的用户数据与客户资源，凭借客户信用数据的累积优势，插上互联网的翅膀，迅速进入农村金融服务商行列，提供独特的农村互联网金融解决方案。大北农集团提供的农村互联网金融产品中，农银贷为银行放贷提供信用数据，农富贷直接为生产者与经销商提供小额贷款，扶持金提供赊销服务，农富宝提供理财服务；基于自有的大数据资源提供农村金融解决方案，不仅服务了客户，而且还延伸了产业链服务。

二、电商平台

电商平台主要以蚂蚁金服、云农场为代表。

1. 蚂蚁金服

借呗是蚂蚁金服集团的信贷服务，将“芝麻信用分”与金融消费挂钩，芝麻分600分以上，就可以赊账消费、申请贷款。与传统的个人贷款相比，借呗不需要用户提交复杂的个人材料和财力证明，凭借芝麻信用分就能对用户作出信用判断和把关，3秒完成放贷。

2. 云农场

云农场是国内一家网上农资交易服务平台，提供化肥、种子、农药、农机交易及测土配肥、农村金融、乡间物流等多种增值服务，利用村村通业务推广服务方式，拥有百万级别种植农户，累积了丰富的农户交易数据。云农宝利用云农场平台大数据的优势，与中国农业银行、华夏银行、山东农村信用联社等多家金融机构合作；云农场负责提供授信考察依据，银行负责向农户及村站提供低息贷款，并监管贷款有效用于农业种植。这种模式有效解决了银行对农放贷信用数据缺乏难题，深受银行金融机构及对农贷款服务部门的欢迎。

大型电商平台积累了消费者的购买数据，收集了销售者和供应商的信用数据，数据已成为了电商平台进入金融行业最大的优势。以阿里巴巴集团为例，蚂蚁金服将淘宝和天猫平台上的各类交易数据转化为客户的信用数据，并为每一个注册用户计算出“芝麻信用分”，再将芝麻信用分与信贷额度相挂钩，从而发展成高效的电商平台互联网金融模式。这种模式在农村互联网金融同样适用。

三、P2P 平台

P2P 平台主要以翼龙贷等为代表。

翼龙贷是联想集团战略投资企业，2007 年成立以来，一直走农村路线，其近 90%借款用户为农业生产者，线下运营中心由各级加盟商（代理商）组成，代理机构承担项目发掘、风控、贷后管理、债权回购等职责，翼龙贷则成为了一个很年轻的线上平台，主要承担资金和项目整合工作，加盟商与翼龙贷之间按照 8∶2的比例进行利润分成。因此，形成了一套独具特色的农村互联网金融运营模式，强调农村熟人社会的作用，强调加盟商的本地属性。

网贷平台通过互联网将资金需求端与资金供给端实现有效对

接，是实现普惠金融的一个有效手段，其更加关注低端客户，而中国最庞大的低端客户群无疑是来自广大的农村地区，因此这也是大量的 P2P 平台以农村居民为主要服务群体的重要原因。

为解决信用风险防控问题，各类 P2P 平台各显神通，宜信的宜农贷是通过与 MFI（小额信贷机构）合作，并由 MFI 来把控风险；开鑫贷凭借国有的强势背景，要求合作的小贷公司对平台融资进行担保，从而保证平台资金的安全；翼龙贷则是依靠线下大量加盟商的支持，由加盟商管理信贷风险，同时将加盟商的保证金作为担保，保障平台用户的资金安全。总之，成功的 P2P 网贷平台都找到了相应的信用管理模式，推动了农村互联网金融的发展。

四、传统银行

传统银行主要以农村信用合作社、中国农业银行、中国邮政储蓄银行等为代表。

面对阿里、村村乐、宜信等互联网平台对农村传统金融服务商的冲击，以农村信用社、中国的农业银行、中国的邮政储蓄银行等为代表的传统金融服务机构，纷纷加大对农村互联网金融的投入，响应国家政策号召，全力推进农村普惠金融。

各方采取措施大体如下。

一是运用第三方支付技术，通过拉卡拉等为村民提供日常生活所需的金融服务，如电费、水费缴纳、手机充值、社保缴纳、机票火车票购买等服务。

二是利用自动化设备、远程通信技术等设立农村服务站，每个站配置 1~2 名工作人员，借助服务站一方面能够宣传金融理财方面的知识，另一方面为农村居民办理日常的基金、储蓄等业务。

三是推出网上金融店，将线上线下有力结合起来，农民实现网上业务申请、自助缴费、购买机票、网上购物等，为农村居民提供更为便捷的金融服务。

例如，中国农业银行推出的助农取款服务，采用类似 O2O 的业务模式，坚持“平等自愿、风险可控”的原则，采取村委会推荐、乡镇政府优选、银行实地考察确认等方式，选择信誉良好、经营规范、具备固定场所的农家小超市、农资店、村委会等作为助农取款服务点，利用电话线和相对简单的机具，布放“智付通”（转账电话），为农村居民提供小额取现服务。

第三章　农村信贷申请

第一节　农户小额信用贷款

一、农户小额信用贷款概述

（一）农户小额信用贷款的产生背景

农户小额信用贷款是指为了提高农村金融机构信贷服务水平，加大支农信贷投入，简化信用贷款手续，更好地发挥农村信用社在支持农民、农业和农村经济发展中的作用而开办的，基于农户的信誉，在核定的额度和期限内向农户发放的不需要抵押、担保的贷款。它适用于主要从事农村土地耕作或者其他与农村经济发展有关的生产经营活动的农民、个体经营户等。

从2002年开始，我国农村信用社全面实施中国人民银行发布的《农村信用合作社农户小额信用贷款管理指导意见》，这个文件增加了对农户和农业生产的信贷投入，以此支持和推进我国农业及农村经济的全面发展。与其他农村贷款不同的是，农户小额信用贷款是农村信用社基于农户的信誉情况，在核定的额度和期限内向其发放的不需抵押、担保的贷款。此举无疑简化了贷款手续，方便了农户。而且，实践中反馈的信息也令人乐观，只要贷款真正发放到了农户手中，归还情况远远好于城市各种商业贷款。

（二）农户小额信用贷款的特点

1. 贷款金额少

小额信贷是一个相对的概念。我国幅员辽阔，各地自然资源状况不同，农村经济发展水平差异较大。这要求确定小额贷款的具体额度需要结合实际，因地制宜，因人而异，适时调整。银监会要求农村中小金融机构根据自身风险管控能力、当地农村经济发展情况以及借款人生产经营状况、偿债能力、收入水平和信用状况，自主确定农村小额贷款额度。例如，中国邮政储蓄银行小额信贷业务对于贷款金额的规定，农户小额贷款最高额度为 5 万元，商户小额贷款最高额度为 10 万元。单笔贷款最低限额为 1 000元，最小变动单位为 100 元。

2. 贷款期限灵活

小额信贷的期限制定是根据当地农业生产的季节特点、贷款项目生产周期和综合还款能力等灵活确定的。目前，一般贷款期限较短，主要为 1 年、3~6 个月等。今后特殊生产项目或特殊情况可以进一步延长小额信贷的期限。《中国银监会关于银行业金融机构大力发展农村小额贷款业务的指导意见》指出，允许传统农业生产的小额贷款跨年度使用，要充分考虑借款人的实际需要和灾害等带来的客观影响，个别贷款期限可视情况延长。对用于温室种养、林果种植、茶园改造、特种水产（畜）养殖等生产经营周期较长或灾害修复期较长的贷款，期限可延长至 3 年。消费贷款的期限可根据消费种类、借款人综合还款能力、贷款风险等因素由借贷双方协商确定。对确因自然灾害和疫病等不可抗力导致贷款到期无法偿还的，在风险可控的前提下可予以合理延期。

3. 允许整贷零还

农村小额贷款允许采用分期还款模式，在还款方式上经历了按周期还款到按月、按季还款的转变。

例如，有的地方规定了小额信贷还款办法有 5 种形式，分别如下。周还制：每周还一次，每次还本 2%，50 次还完，首次还款从第 3 周开始；循环制：每次还 3%，最后一次还 4%，33 次还完，首次还款从第 4 周开始；双周制：每 2 周还一次，每次还 4%，25 次还完，首次还款从第 4 周开始；半月制：每半月还一次，每次还 5%，20 次还完，首次还款从第 3 个半月开始；月还制：每月还一次，每次还 10%，10 次还完，首次还款从第 3 个下半月开始。

4. 多样的担保形式及不需担保

针对农村贫困户缺少可以抵押的资产，农村小额信贷规定可以不担保，或申请灵活的形式进行办理。不需要担保的贷款方式主要是农户小额信贷；需要担保的贷款方式有农户联保贷款、农户保证贷款、农民专业合作社贷款等。

（三）农户小额信用贷款的原则

1. 信用性

农户小额信用贷款服务的基本对象是，因贫困而缺少抵押物和担保人但诚信度较高的农户群体，如果沿袭商业金融的保证制度或采取变相的抵押担保方式作为贷款风险的控制手段，就不能体现农户小额信用贷款的基本特征，其服务性也就失去了意义。

2. 偿还性

农户小额信用贷款的本质特征是贷款，偿还性是信贷资金的第一原则。它既不同于一般商业金融的贷款，也异于国外的一些机构捐助性资金的运作，更不同于财政资金的扶贫补贴。因此，农户小额信用贷款的高收贷率是维持其贷款活动持续不断进行的最根本前提。

3. 投向性

农户小额信用贷款主要用于低收入农户种植业和养殖业的简单再生产和小规模扩大再生产的资金供给，以及他们小额的生活消费资金。因此，一般的农业生产企业、加工运输企业、工商贸易企业、乡镇企业和农业基础设施建设不是农户小额信用贷款的供给对象，农村信用社也不应凑零为整对一些已形成规模化和专业化农业生产经营企业发放农户小额信用贷款。

4. 方便性

商业银行发放贷款从申贷到放贷有一套较严格的程序和手续，农户小额信用贷款要做到手续简便，就要真正落实小额贷款证的总额控制、授期有效、随时存取、柜台办理的信贷承诺。

5. 自主性

信用社或银行不仅是小额信用贷款的经营主体，更是小额贷款风险的唯一承担者，按照决策和风险责任统一的原则，贷款授权的期限、利率、额度应由信用社或银行作出最终的决策，其他行政主体不能干预也不能在相关政策和制度上设置间接障碍。

6. "三公"性

为防范小额信用贷款的风险和防止发放主体"内部人"控制，在对农户信用等级和贷款风险评估时要做到"公开、公平、公正"。目前由村党政组织、农户代表、信用社或银行员工组成的评估小组既符合农村实际也有利于"三公"，把评级"原则、标准、程序、条件"公开，有利于评估监督，有利于把非市场价格的资金合理均衡地配置到农村的低收入群体。

7. 量力性

中国各农村金融网点的运作环境差异性大，资金供应关系很不均衡，有的地区农村金融网点对负债依存度很高，但负债源又不足，资金供求矛盾突出。因此要按照各金融网点负债能力和自身的资产规模量力而行，关键是要搞好集约经营，提高小额信用贷款的营销质量。

二、贷款用途、期限与额度

1. 贷款用途

农户小额信用贷款用途主要如下。

（1）种植业、养殖业方面的农业生产费用。

（2）购买小型农机具。

（3）围绕农业生产的产前、产中、产后服务等。

（4）购置生活用品、建房、治病、子女上学等消费。

2. 期限与额度

农户小额信用贷款期限，根据生产经营活动的实际周期确定，小额生产费用贷款一般不超过一年。贷款利率按照中国人民银行公布的贷款基准利率和浮动幅度适当优惠，结息方式与其他贷款相同。

农户小额信用贷款的具体发放额度，由信用社或银行根据当地农村经济状况、农户生产经营收入、信用社资金状况等具体确定，报中国人民银行县（市）支行核准。信用社或银行根据农户的信用评定等级，核定相应等级的信用贷款限额，以农户为单位发放贷款证（卡），一户一证。持有贷款证（卡）的农户可以凭贷款证（卡）及有效身份证件，到信用社或银行营业网点直接办理限额内的贷款，也可以通知信用社或银行信贷人员到家中为其发放贷款。

农户小额信用贷款采取“一次核定、随用随贷、余额控制、周转使用”的管理办法。当然，贷款额度直接对应于农户信用等级变动。对农户信誉程度发生变化的，其信用评定等级及相应的贷款额度也及时变更。此外，对随意变更贷款用途，出租、出借或转让贷款证（卡）的农户，将及时收回贷款证（卡），并取消其小额信用贷款资格。

三、贷款申请

农户可向农村信用社、中国农业银行、中国邮政储蓄银行、村镇银行申请小额贷款。具体来说，各银行或信用社会有所不同，办理时可以向当地银行或信用社咨询。

（一）贷款人条件

1. 一般来说，申请农户小额贷款的借款人必须同时具备以下条件

（1）具有中华人民共和国国籍，年龄在18周岁以上（含18

岁）60 周岁以下，在农村区域有固定住所，身体健康，具有完全民事行为能力和劳动能力，持有有效身份证件。

（2）是农村家庭的户主或户主书面指定的本家庭其他成员，且已经申请获得贷款金融机构储蓄卡。

（3）应具有稳定的经营收入及按期偿还贷款本息的能力。

（4）所从事的生产经营活动符合国家法律法规及产业政策。

（5）信用评级为一般级及以上。

（6）品行良好，没有连续逾期 90 天以上或累计逾期 6 期以上的信用记录，申请贷款时无逾期未还贷款。

（7）贷款人规定的其他条件。

2. 国家严禁对以下客户办理农户小额贷款业务

（1）存在恶意逃避银行债务及其他债务的。

（2）有严重违法违纪或其他不良记录的。

（3）有赌博、吸毒等不良嗜好的。

（4）从事国家明令禁止的业务的。

实践中，个别地方的个别金融机构为了获取额外的收益，在农户申请小额贷款时违规附加保险或额外收费等，这是农户需要注意防范的，可以据理力争，甚至可以向当地银监局投诉举报。

（二）申请办法

1. 农户向银行提出评定申请

银行或信用社主要根据农户基本情况、资产负债状况、生产经营状况、信誉程度等指标对农户的信用等级进行测评。农户信用等级一般分为优秀、较好、一般 3 个档次。

2. 接受信用调查

客户经理（信贷员）对申请评定信用等级的农户进行详细

调查，内容包括如下。

（1）查验申请人有效身份证件，审查申请人是否系本辖区农户，是否具有完全民事行为能力。

（2）申请人或家庭成员是否具备劳动生产或经营管理能力。

（3）核实财产、综合收入情况。

（4）借款需求是否合理。

（5）申请人在农村信用社和其他金融机构有无不良信用记录。

（6）向村两委及村民代表咨询该户的资信情况。

（7）其他有关情况。

客户经理（信贷员）要依靠村两委、村民代表，采取评议方式认定农户信用等级，并依据调查内容填写《农户经济档案》，提出信用状况评定初审意见。

3. 申请时需提供的材料

信用贷款需要提供的资料包括：借款人身份证、户口本、结婚证原件及复印件，以及村委会推荐书。

此外，保证贷款还需提供：保证人身份证、户口本、结婚证原件及复印件、保证人同意承担连带责任承诺书。抵押贷款还需提供：抵押人身份证、户口本、房产证原件及复印件、抵押人同意抵押声明。

四、贷款发放与归还

1. 贷款发放

（1）已被评为信用户的农户持本人身份证和农户贷款证到农村金融网点办理贷款，填写《农户借款申请书》。

（2）银行信贷内勤人员认真审核《农户借款申请书》，农户贷款证及身份证等有效证件，与《农户经济档案》进行核实。

（3）银行信贷内勤人员核实无误后，办理借款手续，与借款人签订《农户信用借款合同》，交给银行会计主管审核无误后，发放贷款。

（4）银行信贷内勤人员同时登记农户贷款证和《农户经济档案》。

（5）借款人在《农户借款申请书》《农户信用借款合同》借款借据上签字并加按手印。

2. 贷款归还

借款人要提前准备偿还贷款的本金和利息。通常，金融机构信贷员在借款人的贷款到期前一个月，便会上门或书面通知归还贷款本息，借款人则应在贷款催收通知书上签字。如借款人不能按期归还，应在到期前一个月内，提出书面展期申请，经同意后，办理展期，但可能产生贷款成本变化。借款人确定不能按期归还贷款本息的，应向贷款方说明原因，并作出归还计划，以取得贷款方批准，否则，贷款人享有随时依法主张债权追索或依法清偿的权利。

第二节 农户联保贷款

一、农户联保贷款概述

1. 农户联保贷款的概念

农户联保贷款是指社区居民依照本指引组成联保小组，贷款人对联保小组成员发放的，并由联保小组成员相互承担连带保证责任的贷款。农户联保贷款实行个人申请、多户联保、周转使用、责任连带、分期还款的管理办法。它是为解决农户贷款难、担保难而设立的一种贷款品种，由农户在自愿基础上组成联保小组彼此相互担保的贷款；它适用于除小额信用贷款、抵（质）押贷款以外的农户以及难以落实保证的贷款。农户联保贷款的基本原则是："多户联保，总额控制，按期还款。"

农户联保贷款的服务对象主要是具有农业户口的社区居民，主要从事农村土地耕作，或与农村经济发展有关的生产经营活动的农民、个体经营户等。

2. 农户联保贷款的特点

农户联保贷款最主要的特点表现如下。

（1）个人申请、多户联保、周转使用、责任连带、分期还款。

（2）依据贷款用途、贷款项目生产周期、综合还款能力等因素确定贷款期限，一般为1~3年。

（3）利率优惠，优惠幅度由当地信用社确定。

3. 农户联保贷款的积极作用

农户联保贷款的积极作用体现在以下几个方面。

（1）农户联保贷款作为农户小额信用贷款的有益补充，为解决部分"三农"大额信贷需求提供了便利，在成立联保小组后，凭农户贷款证和有效身份证件，就可直接办理，无须再办理担保抵押手续。

（2）丰富了农村金融市场的信贷产品种类，增强了农村金融机构信贷服务功能，增加了“三农”的信贷产品选择余地，为农民合理选择信贷产品提供了可能。开办农户联保贷款后，实行“介入申请、多户联保、周转使用、责任连带、分期还款”的办法，使贷款手续明显简化，大大方便了农户借贷。

（3）有效支持了农业产业化、规模化的发展，为农村调整产业结构、延伸农业产业链条、发展种养业提供了有力的资金支撑，同时也促进了农民的增收，增加了农村信用社的收入来源和经营效益，使农村诚实守信的氛围更加浓郁。

但同时我们要看到，申请联户联保贷款也要有所规划，特别是当经济压力增大，需要更多资金时，怎样选择退出联保贷款尤其重要。

二、农户联保贷款的申请

1. 贷款额度

农户联保贷款的最高贷款额度为5万元。信用环境较好的地区，可适当调高最高贷款额度。各地各金融机构的额度大体如此，但具体情况会有所不同，想贷款的农户可向当地银行或信用社咨询，以其具体规定为准。

2. 申请条件

申请农户联保贷款的基本条件如下。

（1）单独立户，经济独立，在贷款人服务区域内有固定住所。

（2）具有完全民事行为能力。

（3）从事土地耕作或者其他符合国家产业政策的生产经营

活动，并有合法、稳定的经济收入。

(4) 在相应金融机构开立存款账户，无不良信用记录。

(5) 联保小组由居住在贷款人服务区域内的借款人组成，一般不少于 5 户（中国邮政储蓄银行现行规定为 3~6 人）。

(6) 各金融机构规定的其他条件。

三、农户联保贷款的注意事项

农户联保贷款，在一定程度上降低了农民贷款的门槛，受到不少面临资金短缺困境农民的欢迎。但是，近年来涉及联保贷款的诉讼案件不断出现，并呈现逐年上升的趋势。

实践中，农户联保贷款纠纷存在以下特点。

一是被告人数较多。农户联保贷款纠纷中，一般由多人组成一个联保小组，银行分别向小组成员在一定额度内发放贷款。如果有一人不能归还贷款，小组其他成员将承担连带保证责任。所以此类纠纷中往往因为一人不归还贷款，整个小组成员都被告上法庭。

二是合同内容相对固定。农户联保贷款的合同往往是贷款机构提供的格式合同，一般共签订借款合同以及联保协议书两份合同。借款合同主要约定：借款金额固定，农户小额信贷每笔通常不超过 5 万元；借款期限固定，通常为一年；合同利率固定，即执行合同约定利率，遇利率政策调整亦不进行利率调整。联保协议书主要约定联保小组成员间的连带保证义务。相对固定的合同一方面为联保贷款的发展带来了便利，另一方面由于贷款人可能急于贷款，疏于理解合同的内容，一旦联保小组成员拖欠还款，其余成员可能因不理解合同的内容而产生对抗情绪，从而增加审判的难度。

三是联保贷款的操作过程中存在不规范的行为。例如，为了规避联保贷款借款额度小的问题，一人往往借用多人的名义组成联保小组，小组成员的借款均归于此人，这样往往造成信贷机构的风险集中，一旦此人未按约还款，其余成员也因未真实借款不愿承担还款或者连带责任，导致庭审中原被告双方对立。

四是缺席审理的案件比例高。原因一般有3种：第一，借款人签订借款合同时所留地址或电话均为在农村的旧址，借款人往往没有正式工作，流动性比较大，法院传票往往难以准确送达，导致案件审理中找不到被告，需要公告送达开庭传票。第二，有些案件即使能够找到被告，但作为借款人的被告抱着反正没钱还，法院怎么判都无所谓的心态，无正当理由拒不到庭。第三，一些被告人不理解连带保证的意义，往往认为不是自己借的款，与自己无关，拒不出庭应诉。

五是案件调撤率较低，多以判决为主，且已判决结案的案件，当事人自动履行的较少；经过法院强制执行，收回借款的案件数所占的比例也较小。

第三节　农户保证贷款

一、农户保证贷款概述

1. 农户保证贷款的概念

保证贷款指贷款人按《中华人民共和国担保法》（简称《担

保法》）规定的保证方式以第三人承诺在借款人不能偿还贷款本息时，按规定承担连带责任而发放的贷款。保证人为借款提供的贷款担保为不可撤销的全额连带责任保证，也就是指贷款合同内规定的贷款本息和由贷款合同引起的相关费用，在借款人不能还款的情况下，作为保证人要承担全部还款责任。保证人还必须承担由贷款合同引发的所有连带民事责任。目前，开办农户保证贷款的主要是中国邮政储蓄银行。

2. 农户保证贷款的特点

保证贷款最大优点是放款快，有的地方最快两天就能放款，最慢的从申请到审批下来大概一周时间，银行会把钱打到农户在邮政储蓄银行开通的活期账户里。具体来讲，特点主要有 3 点。

（1）手续简便、放款快，一般不需要办理有关登记评估等手续。

（2）保证人可选择一个或多个。

（3）保证人愿意长期作保的，可签订最高额保证借款合同，最高额保证期限内，不再办理相关的保证手续。

二、农户保证贷款的申请

1. 贷款额度

农户保证贷款额度一般为 1 万～5 万元，贷款期限为 36 个月。贷款金额 1 万元以下只需 1 个担保人，1 万元以上需要两个担保人但不需要任何抵押。

农户中的商户贷款最高可贷 10 万元。

各地各金融机构的额度会有所差别，想贷款的农户可以向银行咨询，例如，可拨打邮政储蓄银行的客服电话“95580”询问。

2. 申请条件

申请邮政储蓄银行农户小额保证贷款的条件如下。

（1）申请人年龄18~60周岁，身体健康，具有当地户口或者在当地居住满1年；有工商部门颁发并年检合格的营业执照；正常经营满3个月以上；主要经营场所在市（县）区范围内。

（2）担保条件：贷款金额为1万元以下（不含），只需要找一位担保人，且须为国家公务员，事业单位、大中型企业正式职工或老师、医生等收入相对稳定的人群。贷款金额为1万~10万元，需要找两位担保人，其中一位必须为国家公务员，事业单位、大中型企业正式职工或老师、医生等收入相对稳定的人群，另一位担保人必须有固定的职业或稳定的收入。

（3）需提交的材料：申请人和担保人身份证原件及复印件；担保人个人经济收入证明；工商部门颁发并年检合格的营业执照原件及复印件；邮政储蓄银行要求提供的其他材料。

（4）贷款办理流程：寻找担保人→网点申请→提交资料→填写申请表→接受调查→等待审批→签订贷款合同→发放贷款。

3. 针对商户的保证贷款，对商户的有关要求

（1）必须是经工商行政管理部门核准注册，并按规定办理纳税登记和年检手续的企事业法人。

（2）产品有市场，生产经营有效益，不挤占挪用信贷资金，恪守信用。

（3）有按期还本付息能力，原应付贷款本息和到期贷款已清偿；按银行企业信用等级评定标准核定，原则上信用等级必须

为A级（含）以上。

（4）已在银行开立基本账户或一般存款账户。

（5）除国务院规定外，有限责任公司和股份有限公司对外权益性投资累计额未超过其净资产总额的50%。

（6）借款人的经营和财务制度健全，主要经济和财务指标符合银行的要求。

（7）申请中长期贷款的项目必须经国家主管部门批准，新建项目的企业法人所有者权益与项目总投资的比例不低于国家规定占项目资本金的比例。

三、农户保证贷款的注意事项

1. 保证人需注意清偿能力

实践中，农户保证贷款在保证人方面暴露了一些问题，主要就是保证人不具备代为清偿债务的能力。

一是保证人在自身借了一定数额的贷款后，又为他人保证借款，或者是先后为多个债务人作保证，所借贷款数额较大，严重超过了自身偿还和为债务人代为清偿债务的能力。

二是保证人为家庭成员或一个利益共同体内的成员作借款保证。如夫为妻保证、父为子保证、母为子保证、生产经营组和经济联合体或单位负责人为内部多个成员保证。这些借款绝大多数是用于同一个生产经营项目，借款人与保证人之间有着利益共享、风险共担的关系，当生产或经营出现风险损失时，借款人和保证人将遭受同样的损失，使借款人和保证人的偿债能力同时削弱，甚至完全丧失偿债能力。

2. 贷款保证人的责任承担问题

由于一般保证的保证人承担单方性、无偿性的法律责任，故对保证人尽了义务而债权人怠于行使权利的情况，应该免除保证人一定范围内的保证责任。即使保证人在贷款合同履行期满后，向商业银行提供了可供执行财产的真实情况，银行放弃或者怠于行使追偿权利而致使该财产不能执行的，保证人也可以请求法院在其提供执行财产的实际价值范围内免除保证责任。

保证存续的基础是保证人对债务人的信任，因而一旦发生债务人变动时，保证人一般不再为该债务承担保证责任，如果贷款合同发生变更，又未获得保证人书面同意时，保证人也不应为此承担责任。《担保法》第二十四条明确了这一点。但《担保法》司法解释的一些规定已突破了这些法理，表现在：保证期间债权人与债务人对主合同的数量、价款、币种和利率等内容作了变动未经保证人同意的，如果减轻债务人的债务的，保证人仍应当对变更后的合同承担保证责任；如果加重债务人的债务的，保证人对加重的部分不承担保证责任；债权人与债务人对主合同履行期限作了变动未经保证人书面同意的，保证期间为原合同约定的或法律规定的期间，债权人与债务人协议变更主合同内容但未实际履行的，保证人仍应当承担保证责任。这说明保证债权的安全已成为《担保法》的首要价值取向，保证人对其承担的保证义务负责，而不论合同内容是否已改变。

在商业银行与借款人的贷款活动中，常常有协议以新贷还旧贷的情况发生。在此活动中，保证人是否还承担保证责任呢？基于主合同主要内容变更，保证人不再承担责任的原理，以新贷偿还旧贷属于合同变更，保证人除该变更协议知道并应当知道外，不承担民事责任，但如果旧贷的保证人又为新贷作保的话，那么保证人的责任不能免除。

在企业破产中，破产企业最大的债权人是包括商业银行在内的金融机构，虽然银行为了防范金融风险，一般都采用担保贷款，但在贷款保证中，商业银行知道或应当知道借款人破产后，如果不及时申报债权并告知保证人，那么保证人将在该债权破产程序中可能受偿范围内免除保证责任，银行不能向保证人追偿，只能自己承受不良债权。

3. 保证责任期间的问题

贷款保证应当是有期限的，这个期限就是保证期间。在贷款担保合同中，当事人对贷款保证期间的约定非常复杂，因而在保证期间应注意以下几个问题。

第一，保证期间是除斥期间。所谓除斥期间，是指法律预定的某种权利存续的期间，当期间届满时该权利消灭。除斥期间为不变期间，不因任何事由而中止、中断和延长，保证期间是债权人要求保证人承担保证责任的权利存续期间，因而，《担保法》所规定的保证期间属于除斥期间。由于保证责任不同于一般民事责任，保证人实际上是为他人承担责任，因此法律有必要设立不变期间加以限制，防止保证人无限期承担保证责任。在保证期间届满时，债权人没有及时行使权利，则要求保证人承担保证责任的实体权利归于消灭，保证人免除保证责任。

第二，约定保证期间超过诉讼时效期间问题。目前法律并未限制保证期间的结束点，如果约定的保证期间长于诉讼时效期间，因债权人已对债务人失去胜诉权，再要求保证人承担保证责任，有悖于法理，但保证人的保证行为已经成立，不能因此完全免责，应当以约定不明处理。

第三，约定保证期间早于或等于贷款履行期间的问题。对于这种情况，应当视为当事人没有约定，保证期间为法定期间，即为贷款债务履行期间届满之日起 6 个月。

第四，约定保证期间为保证人承担保证责任直至贷款债务本息还清时为止等类似内容的问题。这种约定的意思是清楚的，但没有明确的保证期间，这与设立保证期间的立法意图相悖，因此应认为无效，视为约定不明，保证期间为贷款债务履行期间届满之日起两年。

第四节　家庭农场贷款

一、家庭农场贷款概述

家庭农场是指以家庭成员为主要劳动力，从事农业规模化、集约化、商品化生产经营，并以农业收入为家庭主要收入来源的新型农业经营主体。专业大户是指从事种植、养殖业或其他与农业相关的经营服务达到一定规模、专业化生产经营的新型农业经营主体。家庭农场（专业大户）贷款是指由相应银行向家庭农场（专业大户）等新型农业经营主体发放的个人生产经营性贷款。目前中国邮政储蓄银行与农村信用合作社为该贷款的主要发行银行。

二、贷款申请

1. 贷款额度

信用贷款单笔金额最高5万元，保证贷款单笔金额最高50万元，抵质押及法人保证贷款单笔金额最高500万元。

2. 贷款期限

贷款期限最长24个月。

3. 申请条件

（1）20周岁（含20周岁）至60周岁（含60周岁），具有完全民事行为能力的自然人。

（2）具有当地户口或在当地连续居住1年以上。

（3）必须已婚（含离异、丧偶），家庭成员中有两名（含两名）以上的劳动力。

（4）应从事符合国家产业政策的生产经营活动，且应连续正常经营1年以上（含1年）。

（5）贷款用途正当、合理，有一定的自有资金和经营管理能力，有一定的农业生产经营能力，有稳定的土地供给，有生产经营风险保障机制，有稳定的销售渠道。

4. 申请资料

（1）本人及配偶的身份证原件与复印件、婚姻状况证明原件与复印件（结婚证或夫妻户口在一起的户口簿）。

（2）由其他自然人（或法人）为贷款申请人提供保证担保的，担保人应经过银行审核（或准入），并根据银行要求提供相关证明资料。

（3）办理贷款所需的其他材料。

需要注意的是，罗列的信息仅作参考，农户申请办理以上业务，需以相应银行当地分支机构有关规定为准。

三、还款与担保

（一）还款方式

1. 等额本息还款法

贷款期限内每期以相等的金额偿还贷款本息。

2. 阶段性等额本息还款法

贷款宽限期内只偿还贷款利息，超过宽限期后按照等额本息还款法偿还贷款。

3. 按周期付息，到期一次性还本

贷款期限内，每周期偿还利息，贷款到期后，偿还贷款本金。

4. 一次性还本付息法

贷款到期日一次性归还贷款本息。

（二）贷款担保

本产品可采用的担保方式包括：信用、自然人保证、法人保证和抵质押担保。

可在当地所有具备信贷功能的银行网点办理。最快 2 个工作日出具审批意见。具体流程如下。

提交贷款申请→银行调查审批→签订贷款合同→落实贷款担保条件→银行发放贷款→借款申请人按要求还款。

第五节 农民专业合作社贷款

一、农民专业合作社贷款概述

农民专业合作社是指依据《中华人民共和国农民专业合作社法》，在农村家庭承包经营基础上，农产品的生产经营者或者农业生产经营服务的提供者、利用者，自愿联合、民主管理的互助性经济组织；同时要求合作社自身必须拥有实际经营项目，具有明确合理的资金需求。农民专业合作社贷款是指相应农村金融机构向农民专业合作社法人或实际控制人、社员单独发放的法人或个人经营性贷款。目前我国农村地区发放该贷款的金融机构主要有中国邮政储蓄银行以及农村信用合作社。以下以中国邮政储蓄银行为例说明。

二、农民专业合作社贷款申请

（一）贷款额度

股东类普通社员额度最高 50 万元，非股东类普通社员额度最高 30 万元，合作社实际控制人额度最高 500 万元，合作社法人额度最高 1 000万元。

（二）贷款期限

贷款期限最长 24 个月。

（三）申请条件

1. 农民专业合作社法人贷款

申请农民专业合作社法人贷款模式的合作社须满足以下所有基本条件。

（1）依据《中华人民共和国农民专业合作社法》，经工商行政管理部门核准登记，并办理年检手续，从事特殊行业的须持有有关机关颁发的经营许可证。

（2）要有合法、健全的组织机构。

（3）有固定办公场所，有规范的合作社章程，可识别分析的财务会计制度且正常经营3年以上（含3年）。

（4）要有规范、严密的内控制度和财务管理制度。

（5）农民专业合作社、实际控制人、股东过往的经营历史和经营业绩良好。

（6）拥有稳定的销售渠道。

（7）拥有真实的资产项目。

（8）拥有至少1项县（区）级及以上政府给予的级别评定或荣誉奖励（包括享受过补贴政策）。

2. 农民专业合作社普通社员贷款

申请农民专业合作社普通社员贷款模式的，其所属合作社需满足上述基本条件外，普通社员自身还应满足以下所有条件。

（1）中华人民共和国公民，具有完全民事行为能力。

（2）信用观念强，资信状况良好，无不良社会和商业信用记录。

（3）年龄在20周岁（含20周岁）至60周岁（含60周岁），具有当地户口或在当地连续居住1年以上，拥有自有固定住所，婚姻状况为已婚（含离异、丧偶）。

（4）无赌博、吸毒、酗酒等不良行为。

（5）农户应从事种养殖或其他符合国家产业政策的生产经

营活动，有合法、可靠的经济来源，拥有本行业1年以上（含1年）的经验。

（6）贷款的用途正当、合理，有一定的自有资金和经营管理能力。

（7）从事与农民专业合作社业务直接有关的生产经营活动，能够利用合作社提供的服务，承认并遵守农民专业合作社章程，是履行章程规定的入社手续的出资社员或非出资社员。

（8）加入农民专业合作社1年以上（含1年），与合作社在农资购买、产品经销和土地入社等方面签订明确的合约，或遵循历史惯例存在实际合作（如通过交易记录、日记账簿、应收应付款等进行交叉验证），双方合作期限在一个完整生产周期以上（含一个完整生产周期），经营稳定。

3. 农民专业合作社实际控制人贷款

申请农民专业合作社实际控制人贷款模式的，合作社实际控制人除符合以上普通社员贷款满足的基础条件外，还应满足以下所有条件。

（1）符合以下任意一种实际控制人的情况：①本人及配偶合作社出资比例占30%以上（含30%）；②本人或其配偶为合作社营业执照法定代表人；③本人或其配偶为该合作社最大股东的亲属（仅包括本人及配偶的父母、子女、兄弟姐妹）。本人（含配偶）及其相应亲属占该合作社50%以上（含50%）股份或投资份额。

（2）本人实际经营农民专业合作社，且对合作社全部资产和收入有绝对控制权和支配权。绝对控制权与支配权主要表现为：对农民专业合作社的资产具有使用、支配、处置的权力；对农民专业合作社主要购销渠道具有控制权；对农民专业合作社人事安排具有决定权；对农民专业合作社的收益具有所有权与支配权。

（四）申请资料

（一）农民专业合作社普通社员、实际控制人贷款需提供的资料

1. 基本资料

（1）申请人有效身份证件的原件和复印件。申请人已婚的，还须提供配偶的身份证原件与复印件，以及婚姻证明材料（结婚证或夫妻户口在一起的户口簿）的原件与复印件。

（2）申请人为非当地常住户口的，应提供在当地经营或居住满一年的证明材料，如满一年的经营相关合同、房屋租赁合同、各类缴费单据等。

（3）申请保证贷款的，应提供保证人居民身份证原件和复印件、保证人证明材料（若保证人为有固定职业的自然人，应提供载明保证人姓名、工作单位、月均收入、单位联系人及联系电话并加盖单位公章或人事部门的公章的工作单位证明；若保证人单位规定不得开立单位证明，可使用工作证原件和复印件及3~6个月工资卡的银行流水等证明代替；若保证人为商户的，提供其营业执照即可）。

2. 经营资料

（1）营业执照、组织机构代码证等原件及复印件。

（2）农民专业合作社章程及其规定的有关决议文件。

（3）法定代表人有效身份证件原件及复印件。

（4）最近3个月的财务报表。

（5）最近半年以上（含半年）的主要银行账户对账单。

（6）银行认为有必要提供的其他材料。

（二）农民专业合作社法人贷款需提供的资料

农民专业合作社法人贷款除了需提供普通社员贷款的经营资料外，还需要提供以下资料。

（1）近两年的财务报告，最近3个月的财务报表。

（2）自贷款申请日近2年（或24个月）增值税与所得税完税凭证（或企业提供税务登记号由银行人员进行查询）。

（3）最大自然人股东有效身份证件。

（4）财务负责人有效身份证件。

（5）开户许可证。

三、还款与办理

（一）还款方式

1. 等额本息还款法

贷款期限内每期以相等的金额偿还贷款本息。

2. 阶段性等额本息还款法

贷款宽限期内只偿还贷款利息，超过宽限期后按照等额本息还款法偿还贷款。

3. 按周期付息，到期一次性还本

贷款期限内，每周期偿还利息，贷款到期后，偿还贷款本金。

4. 一次性还本付息法

贷款到期日一次性归还贷款本息。

（二）办理流程

农民专业合作社贷款可采用的担保方式包括：保证、抵质押和组合担保，可在当地所有具备信贷功能的相应银行网点办理，最快2个工作日出具审批意见。

具体办理流程为：提交贷款申请→银行调查审批→签订贷款合同→落实贷款担保条件→银行发放贷款→借款申请人按要求还款。

第六节　其他农村信贷

一、农村个人生产经营贷款

农村个人生产经营贷款是指对农户家庭内单个成员发放的，用以满足其从事规模化生产经营资金需求的大额贷款。目前主要由中国农业银行以及农村信用合作社发放，农户可以自行向当地金融机构咨询、申请。下面以中国农业银行为例对其进行说明。

1. 贷款特色

（1）贷款方式灵活。农户在满足条件的情况下，可采用保证、抵押、质押、农户联保等多种方式申请贷款。

（2）用款方式灵活。根据用款方式不同，农村个人生产经营贷款分为自助可循环方式和一般方式。自助可循环方式下，在核定的最高额度和期限内，借款人可随借随还，通过自助借款方式提款、还款；一般方式下，银行对借款人实行一次性放款，一次或分次收回。具体用款方式由借款人与银行协商决定。

（3）节省利息。自助可循环方式下，农村个人生产经营贷款按照贷款的实际使用天数计息，可最大限度地减少借款人的利息支出。

2. 办理流程

由借款人提出申请并提交银行规定的相应材料，其资质由银行调查审查，银行审批通过后，与借款人签订合同。

3. 申请条件

农村个人生产经营贷款的发放对象是具备以下条件的农户。

（1）年龄在 18 周岁以上（含），且申请借款时年龄和借款期限之和最长不超过60 年（含），在农村区域有固定住所，身体健康，具有完全民事行为能力和劳动能力，持有有效身份证件。

（2）根据《中国农业银行“三农”客户信用等级评定管理办法》，客户的信用等级评级结果为良好级及以上。

（3）收入来源稳定，具备按期偿还贷款的能力。

（4）从事的生产经营活动合规合法，符合国家产业、行业、环保政策。

（5）须提供合法、有效、足值的担保。

（6）借款人及其配偶信用记录良好，申请贷款时不存在到期未还的逾期贷款和信用卡恶意透支，且最近 24 个月内不存在连续 90 天（含）以上或累计 6 期以上的逾期记录。

4. 需提交资料

（1）借款人有效身份证明的原件及复印件。

（2）涉及保证担保的，需提供担保方同意担保的证明文件；涉及抵押和质押担保的，需提供抵押物或质押权利的权属证明文件以及有处分权人同意抵（质）押的书面证明。

（3）已领取营业执照的借款人，需提供经年检合格的营业执照，从事许可证经营的，应提供相关行政主管部门的经营许可证原件及复印件。

（4）贷款人要求的其他材料。

5. 农村个人生产经营贷款的期限、利率和额度

采用一般用款方式的农村个人生产经营贷款，原则上不超过 3 年，对于从事林果业等生产周期较长的生产经营活动的，最长可延长至 8 年。

采用自助可循环方式的农村个人生产经营贷款，授信期限最长不超过 3 年，额度内的单笔借款期限一般不超过 1 年，且到期日不能超过额度有效期后 6 个月。

农村个人生产经营贷款单户额度起点为 5 万元（不含），单户余额最高不超过 100 万元（含），其中采取自助可循环方式的单户余额最高不超过 50 万元（含）。农村个人生产经营贷款的具体利率各地不同，需要农户自行咨询，对诚实守约的客户，农村金融机构将考虑给予一定利率优惠。

6. 自助借款方式

自助借款方式指借款人以合同约定的银行卡作为借款提取与偿还的结算工具，通过相应银行的营业柜台、自助银行（含自动取款机、存取款一体机、自助服务终端、转账电话等自助银行设备）、网上银行、电话银行、手机银行等自助借款渠道，经密码

验证，依据提示实施操作，完成借款和还款。

除银行通过营业网点或网站等途径另行公告通知外，自助银行渠道对借款人自动开通；网上银行、电话银行、手机银行由借款人另行申请、经相应银行确认后开通。合同生效后，自助借款渠道的变动以相应银行的公告或通知为准；银行增加其他自助借款渠道的，除需要借款人另作申请的外，将对借款人自动开通。

二、农机购置补贴贷款

农机购置补贴是由农业农村部和财政部发起的，为加快农机化发展方式转变，调动农民购买和使用农机的积极性，在全国范围内向纳入实施范围并符合补贴条件的农牧渔民、农场（林场）职工、农民合作社和从事农机作业的农业生产经营组织提供的，用于购置和更新规定品目农业机具的补贴。农机购置补贴贷款是指由中国邮政储蓄银行向符合国家补贴条件的农户、农业生产经营组织提供的农业机械购置贷款。下面以中国邮政储蓄银行为例对其进行说明。

1. 申请资格

（1）借款人信用观念强，资信状况良好，无不良社会和商业信用记录。

（2）借款人年龄在20周岁（含20周岁）至60周岁（含60周岁），具有当地户口或在当地连续居住1年以上，拥有自有固定住所。

（3）借款人无赌博、吸毒、酗酒等不良行为。

（4）常住地址在经办行的有效经营地域范围内。

2. 贷款额度

单笔金额最高50万元，详情需咨询当地分支机构。

3. 贷款期限

贷款期限最长24个月。

4. 还款方式

（1）等额本息还款法。贷款期限内每期以相等的金额偿还贷款本息。

（2）阶段性等额本息还款法。贷款宽限期内只偿还贷款利息，超过宽限期后按照等额本息还款法偿还贷款。

（3）按周期付息，到期一次性还本。贷款期限内，每周期偿还利息，贷款到期后，偿还贷款本金。

（4）一次性还本付息法。贷款到期日一次性归还贷款本息。

5. 贷款担保

贷款可采用的担保方式包括：3人及3人以下联保，自然人保证和抵质押担保。

6. 办理流程

农机购置补贴贷款可在当地所有具备信贷功能的邮政储蓄银行网点办理。最快2个工作日出具审批意见。

办理流程为：提交贷款申请→银行调查审批→签订贷款合同→落实贷款担保条件→银行发放贷款→借款申请人按要求还款。

7. 申请资料

贷款申请人除了应提交一般农户小额贷款的申请资料外，还应提供如下材料。

（1）购机申请表或者申请编号。

（2）农机购置补贴指标确认通知书。

（3）借款申请人开立的用于发放购机补贴款的账户信息。

（4）合作机构提供的客户推荐表。

（5）其他银行认为有必要提供的材料。

（6）办理贷款所需的其他材料。

需要注意的是，罗列的仅为总行的信息，仅作参考，农户申请办理以上业务，须以中国邮政储蓄银行当地分支机构有关规定为准。中国邮政储蓄银行客户服务热线为95580。

三、土地承包经营权贷款

土地承包经营权是通过家庭承包方式取得或招标、拍卖、公开协商等方式取得用于农副产品种养殖（包括林业、畜牧业）的土地承包经营权，且须经依法登记取得土地承包经营权属证明。土地承包经营权贷款即相应银行以土地承包经营权抵押为担保方式向从事与农村经济发展有关的生产经营活动的客户群体发放的、用于满足其生产经营活动资金需求的贷款。目前中国邮政储蓄银行与中国农业银行为该贷款的主要发行银行。

1. 申请条件

土地承包经营权抵押贷款业务的贷款对象包括农村专业合作社实际控制人、家庭农场主、专业大户、普通农户（包括符合个人商务贷款条件的涉农个商客户）、农民专业合作社法人客户等从事农业生产经营活动的主体。借款人应具备以下条件。

（1）满足借款人所属经营主体相应制度的基本准入标准。

（2）合法取得农村土地承包经营权，其承包经营的剩余期限必须在 5 年以上，且超过土地附着种养物的 2 个生产经营周期。

（3）具备专业种养殖经营的成熟技术和相关设施条件，具备有效的市场渠道，且从事种养殖及加工生产经营时间不低于 2 年。

2. 贷款额度

额度根据借款人资金需求、还款能力及抵押物的评估价值综合确定。

3. 贷款期限

贷款期限须符合借款人所属经营主体相应制度的规定。

4. 还款方式

（1）等额本息还款法。贷款期限内每期以相等的金额偿还贷款本息。

（2）阶段性等额本息还款法。贷款宽限期内只偿还贷款利息，超过宽限期后按照等额本息还款法偿还贷款。

（3）按周期付息，到期一次性还本。贷款期限内，每周期偿还利息，贷款到期后，偿还贷款本金。

（4）一次性还本付息法。贷款到期日一次性归还贷款本息。

5. 办理流程

土地经营承包权贷款担保可以土地承包经营权为抵押。在当地所有具备信贷功能的银行网点办理，最快 2 个工作日出具审批意见。具体流程如下。

提交贷款申请→银行调查审批→签订贷款合同→落实贷款担

保条件→银行发放贷款→借款申请人按要求还款。

6. 申请资料

（1）本人及配偶的身份证原件与复印件、婚姻状况证明原件与复印件（结婚证或夫妻户口在一起的户口簿）。

（2）抵押土地经营权的权属证明，即农村土地承包经营权证等；对于以转包方式获得土地经营权的，还需提供土地承包经营权流转合同。

（3）办理贷款所需的其他材料。

需要注意的是，罗列的信息仅作参考，农户申请办理以上业务，需以相应银行当地分支机构有关规定为准。

四、农村青年创业小额贷款

农村青年创业小额贷款是指与各级团组织合作的农村信用社向农村青年（年龄在 40 周岁以下）发放的用于生产、经营等创业活动所需的小额贷款。

（一）贷款的相关规定

1. 额度

根据有关文件规定，农村青年创业小额信用贷款额度原则上控制在 3 万元以内，一般不超过 5 万元；抵押、质押和保证担保贷款视借款人实际风险状况，可在信用贷款额度基础上适度提高。

2. 期限

农村青年创业小额贷款期限根据农业生产的季节特点、创业贷款项目生产周期和借款人综合还款能力等因素，灵活确定贷款期限，贷款期限一般设定在3年以内，最长不超过5年。

3. 利率

为支持农村青年加快创业发展，有关文件规定，按照“保本微利”的运营方式，贷款利率在中国人民银行公布的同期贷款利率基础上可给予适当优惠。

4. 担保方式

农村青年创业小额贷款可以采用自然人担保、法人担保、联保、担保公司等保证方式，也可采用房产、林权等抵押方式，还可采用“公司+农户”“公司+中介组织+农户”“公司+专业市场+农户”“农民专业合作社+社员”等信贷模式。

（二）贷款条件

1. 申请条件

申请农村青年创业贷款需具备以下条件。

（1）年龄在40周岁（含）以下，具有完全民事行为能力。

（2）遵纪守法，诚实守信，无不良信用记录。

（3）有创业愿望和一定基础；在农村信用合作社辖区内有固定住所或经营场所；具有偿还贷款本息的能力。

（4）创业投资项目符合国家产业政策。

（5）在贷款发放机构开立个人结算账户。

（6）自愿接受贷款发放机构对其账户资金的监督。

（7）农村信用合作社规定的其他条件。

2. 需提交的材料

申请农村青年创业小额贷款要按照团组织和相应农村金融的具体要求提供相关材料，一般包括借款申请人及其家庭主要成员基本情况，包括居民身份证、户口簿、其他有效身份证明等；从事个体经营的还需要营业执照、税务登记证、组织机构代码证、特殊行业经营许可证、开户证明、收入证明、承包合同或合作协议等证明材料；需要提供担保的，还要提供担保资料；农村信用合作社认为需要提供的其他资料。

（三）贷款的办理流程

农村青年创业小额贷款的主要流程如下。

1. 申请

符合条件的农村青年因创业需要贷款的，可向当地基层团组织提出申请。

2. 初审

基层团组织接到农村青年创业借款申请人申请后，应及时对申请人的基本条件、创业项目等内容进行审查，并提出初审意见。

3. 推荐

经基层团组织初审符合条件的，基层团组织要及时推荐给当地农村信用合作社。

4. 调查

农村信用合作社接到基层团组织推荐的申请人名单后，应及时落实信贷人员进行调查，其中对经调查不符合贷款条件或不能全额满足农村青年资金需求的，要及时反馈给借款申请人。

5. 评级

农村信用合作社根据调查情况，按照有关评级规定对申请人进行评级，其中对经调查、评级不符合贷款条件或不能全额满足农村青年资金需求的，要及时反馈给借款申请人。

6. 授信

农村信用合作社经调查、评级符合贷款条件的，及时按贷款程序对申请人进行审查、审批、授信。

7. 发放

农村信用合作社根据调查、审查、审批、授信情况，按有关贷款程序及时向申请人发放贷款。

8. 反馈

农村信用合作社要及时将创业贷款的发放情况反馈给基层团组织，并定期将受理情况、授信额度、信用额度、贷款实际发放量等情况报当地基层团组织备案。

第四章　贷款偿还

第一节　还款方式的选择

归还贷款的方式有多种，主要有一次还本付息、分期结息、提前归还、循环还款、等额本息还款、等额本金还款等方式。

一、一次还本付息

一次还本付息指到期一次性归还贷款本金和利息，是指借款人在贷款期内不是按月偿还本息，而是贷款到期后一次性归还本金和利息。一次还本付息这种方式一般适合短期贷款，是最普遍的还款方式。

一次还本付息法的计算公式如下：

贷款期为 1 年的：到期一次还本付息额＝贷款本金×［1+年利率（%）］

贷款期不到 1 年的：到期一次还本付息额＝贷款本金×［1+月利率（‰）×贷款期（月）］

二、分期结息

分期结息是指对贷款按季归还利息和按月归还利息。按季结息的，每季度末的20日为结息日，也就是3月、6月、9月、12月的20日为结息日，在这一天借款人需就此笔贷款向银行结付利息；按月结息的，每月的20日为结息日。分期结息是银行降低贷款风险的一种方式。

在实际操作过程中，农村信用社除农户小额信用贷款采取了利随本清结息方式外，绝大部分贷款实行了按季或按月结息方式。

有的银行、信用社规定，对5万元以上的贷款实行按月结息，对其他类贷款实行按季结息；有的乡镇的农村信用社规定，对农户小额信用贷款实行利随本清，对其他类贷款实行按季结息。

按季结息和按月结息每次只结利息不需还本，贷款到期再归还全部本金。具体结息方式由借贷双方协商确定。

三、提前归还

提前归还是指借款人提前归还贷款本金和利息，农户提前归还贷款能降低利息支出，但这需要向银行和信用社申请，这和我们日常生活中提前归还借款是不一样的。

如果有一种新的获利模式可以超过银行的贷款利息，那么就应该用这类投资方式获得的利润去还贷款，多出的部分就是盈利。不提前还款必须具备的前提是能挣到比利息更多的钱。当然，需要注意的是，很多银行对贷款用途有着明确的限定，在用贷款进行投资之前一定要弄清楚投资是否属于贷款限定的用途范围。

四、循环还款

循环还款是指在核定的最高额度和期限内，借款人随借随还、自助放款还款，主要用于满足农户临时性、短期周转资金需要。可循环贷款额度期限不得超过 3 年，额度内的单笔贷款期限一般不超过 1 年，最长不超过 2 年，且到期日不得超过额度有效期后 6 个月。额度内的单笔贷款期限超过 1 年时，只有在收回该笔贷款本金的 50%后，收回的贷款本金才能在核定的有效期限内再次循环使用。

在授信额度和期限内，随借随还，按使用金额和天数计算利息，这最大限度地减少了借款人的利息支出。

五、等额本息还款

等额本息还款，即借款人每月按相等的金额偿还贷款本息，其中每月贷款利息按月初剩余贷款本金计算并逐月结清。由于每月的还款额相等，因此，在贷款初期每月的还款中，剔除按月结清的利息后，所还的贷款本金就较少；而在贷款后期因贷款本金不断减少，每月的还款额中贷款利息也不断减少，每月所还的贷款本金就较多。

在这种还款方式下，实际占用银行贷款的数量更多、占用的时间更长，同时它还便于借款人合理安排每月开支，对于擅长于“以钱生钱”的人来说，无疑是很好的选择。

等额本息还款法的计算公式如下：

每月还款额 = [贷款本金 × 月利率 × (1 + 月利率)^{还款总期数}] ÷ [(1 + 月利率)^{还款总期数} − 1]

六、等额本金还款

等额本金还款，又称利随本清、等本不等息还款法。贷款人将本金分摊到每个月内，同时付清上一交易日至本次还款日之间的利息。这种还款方式相对等额本息而言，总的利息支出较低，但是前期支付的本金和利息较多，还款负担逐月递减。

使用等额本金还款，开始时每月负担比等额本息要重。尤其是在贷款总额比较大的情况下，相差可能达数千元。但是，随着时间推移，还款负担逐渐减轻。这种方式很适合目前收入较高，但是预计将来收入会减少的家庭。

等额本金还款法的计算公式如下：

每月应还本金 = $\frac{a}{n}$；

每月应还利息 = $a_n \times \frac{i}{30} \times a_n$；

其中，a 为贷款本金；i 为贷款月利率；n 为贷款月数；a_n 为第 n 个月贷款剩余本金，$a_1 = a$，$a_2 = \frac{a}{\frac{a}{n}}$，$a_3 = \frac{a}{2 \times \frac{a}{n}}$，以此类推；为第 n 个月的实际天数，如平年 2 月就为 28 天，3 月就为 31 天，以此类推。

第二节 贷款利息的计算

一、利息计算公式与方法

(一) 计算公式

人民币业务的利率换算公式为（注：存贷通用）：

日利率（‱）=年利率（%）÷360=月利率（‰）÷30

月利率（‰）=年利率（%）÷12

(二) 银行计息方法

银行可采用积数计息法和逐笔计息法计算利息。

1. 积数计息法

积数计息法按实际天数每日累计账户余额，以累计积数乘以日率计算利息。

计息公式为：利息=累计计息积数×日利率

其中：累计计息积数=每日余额合计数。

2. 逐笔计息法

逐笔计息法按预先确定的计息公式“利息=本金×利率×贷款期限”逐笔计算利息，具体有3种计算方法。

第一，计息期为整年（月）的，计息公式为：利息=本金×年（月）数×年（月）利率。

第二，计息期有整年（月）又有零头天数的，计息公式为：利息=本金×年（月）数×年（月）利率+本金×零头天数×日利率。

第三，银行可选择将计息期全部化为实际天数计算利息，即每年为 365 天（闰年 366 天），每月为当月公历实际天数，计息公式为：利息＝本金×实际天数×日利率。

这 3 个计算公式的实质相同，但由于利率换算中 1 年只作 360 天计算，实际按日利率计算时，1 年将作 365 天计算，得出的结果会稍有偏差。具体采用哪一个公式计算，央行赋予了金融机构自主选择的权力。因此，当事人和金融机构可以对此在合同中约定。

3. 复利

复利即对利息按一定的利率加收利息。按照央行的规定，借款方未按照合同约定的时间偿还利息的，就要加收复利。

4. 罚息

贷款人未按规定期限归还银行贷款，银行按与当事人签订的合同对违约人的处罚利息叫银行罚息。

5. 逾期违约金

贷款逾期违约金的性质与罚息相同，是对合同违约方的惩罚措施。

6. 计息方法的制定与备案

全国性商业银行制定的计息、结息规则和存贷款业务的计息方法，报中国人民银行总行备案并告知客户；区域性商业银行和城市信用社法人报中国人民银行分行、省会（首府）城市中心支行备案并告知客户；农村信用社县联社法人可根据所在县农村信用社的实际情况制定计息、结息规则和存贷款业务的计息方法，报中国人民银行分行、省会（首府）城市中心支行备案，并由农村信用社法人告知客户。

二、贷款期限内的利息计算

合同期限内的利息计算涉及两个方面，即单利和复利。在一份贷款合同中，双方当事人除了就本金的偿还方法、偿还时间做出约定外，通常还会就利息的偿还方法和时间做出约定。例如，合同中“按季收息，利随本清”的约定。这就要求借款方每过一个借款季度就要还一次利息，这种利息就是单利。如果借款人未能在某一季度按时偿还该季度的利息，那么从利息逾期之日起，就要对这部分逾期的利息加收利息，即复利。依据 1999 年《人民币利率管理规定》，短期借款的可以按月、按季结息，每月或每季末月 20 日为结息日；中长期借款按季结息，每季度末月 20 日为结息日。

（一）单利计算

单利的计算仅在原有本金上计算利息，对本金所产生的利息不再计算利息。计算利息有 3 个基本要素：本金、利率和期限。利息的多少与这 3 个要素成正比关系：本金数量越大，利率越高，期限越长，则利息越多；反之，利息就越少。

1. 利率的确定

依照合同约定的利率计算；未约定利率或约定不明或约定的利率违反了法律规定或中国人民银行的有关规定的，依据中国人民银行的有关规定确定利率，通常取央行的基准利率。关于合同期限内贷款利率的调整问题，由借贷双方按商业原则确定，可在合同期间按月、按季、按年调整，也可采用固定利率的确定方式。5 年期以上档次贷款利率，由金融机构参照中国人民银行公布的 5 年期以上贷款利率自主确定。

2. 计算公式

单利的计算公式为：利息＝本金×利率×贷款期限

（二）复利计算

这里的复利是指合同期限内对逾期利息加收的利息。复利的计算是对本金及其产生的利息一并计算，也就是利上有利。复利计算的特点是：把上期末的本利和作为下一期的本金，在计算时每一期本金的数额是不同的，越往后越高。

1. 利率的确定

按照中国人民银行公布的罚息利率计收复利，1999 年有关规定确定的复利利率与合同利率相同，2003 年的有关规定改为罚息利率。

2. 计算公式

复利的计算公式为：

（本期）复利＝（上期结余）利息×（罚息）利率×贷款期限

（本期）总利息＝（本期）复利+（本期）单利（本金×合同利率×贷款期限）

三、罚息计算

从性质上讲，罚息是对借款方违约的惩罚。计息以贷款逾期当日的本息合计作为基数。其计算方法大体和利息的计算方法一样。但中国人民银行曾多次对罚息利率进行了调整，而且规定实行分段计息。在结息的期限上，是按长期借款的做法“按季结息”还是以中国人民银行罚息利率调整的期限分段，将对计算结果有相当大的影响。在同一利率的情况下，分段越多，计息的基数相对增加，最后的利息总额会越高。由于银行规定是每月或每季末月的20日为结息日，其中遇到涉及破月、破季的问题也会增加计算的难度。从银行的角度看：在依据中国人民银行调整罚息利率的时间进行分段的基础上再按季结息，利息总额相对较多，但计息过程相对复杂；仅按中国人民银行调整的罚息利率的时间分段，利息总额相对较少，计算相对容易。

罚息的计算公式为：

罚息=上期本息结余×罚息利率×逾期期限

罚息=本金×罚息利率×逾期期限+累积逾期利息×罚息利率×逾期期限

这两个公式实质上是一样的，只是形式上稍有差别。在第一个公式中，“上期本息结余”是个变量，它是本金和累积利息之和。利息在复利计算方法下是增加的，因而“上期本息结余”也会逐渐变大。在第二个公式中，本金即原始的合同本金，是个常量。引起变化的因素在于这个变量，随着逾期时间越长，“逾期利息”将呈现逐渐增加的趋势。至于罚息利率和逾期期限这两个因素，则属于相对常量。它们随银行规定的变化而变化。

四、逾期贷款违约金的计算

逾期贷款违约金是对借贷双方违约行为的惩罚性制度，在性质上属于当事人在缔约时约定的违约方向对方承担的民事责任。《中华人民共和国民法通则》第一百一十二条第二款以及《中华人民共和国合同法》第一百一十四条第一款是逾期付款违约金的法律渊源和理论基础。通常认为，它不能与罚息同时适用于借款方。

（一）计算标准

最高人民法院对逾期付款违约金计算标准的历次调整，都是根据中国人民银行对金融机构计收逾期贷款利息标准的变动而变动的。

（二）计算方法

对于逾期贷款违约金的计算方法，合同当事人通常会在合约中约定，未约定或约定不明的按照合同法有关原则确定，如补充协议。违约金的计算方法通常与罚息的计算方法相类似。

（三）迟延履行期间的债务利息（双倍利息）的计算

该利息的产生从时间上看是发生在法院做出裁判以后。迟延履行期间的债务利息（双倍利息）性质上是对当事人不依法履行判决裁定以及其他法律文书义务的惩罚，而不是简单对迟延履行还款义务的惩罚，加收的双倍利息并不是上缴国库，而是给债权人，所以它具有一定的民事补偿性，而不是强制措施。要求支付双倍利息的直接法律依据是《中华人民共和国民事诉讼法》第二百五十三条："被执行人未按判决、裁定和其他法律文书指定的期间履行给付金钱义务的，应当加倍支付迟延履行期间的债务利息。被执行人未按判决、裁定和其他法律文书指定的期间履行其他义务的，应当支付迟延履行金。"

第五章　农村信贷风险防范

第一节　高利贷防范

一、高利贷的概念

高利贷，是高利息贷款的简称，也就是超过正常利率的借贷。我国的规定为凡是超过国家公布的基准利率 4 倍以上（包括 4 倍）的都算作高利贷。之所以这样规定是因为只有在规定的利率范围内，才能建立起比较合理的借贷关系，才能有利于生产和经济秩序的稳定。只有在这个范围内，才能得到法律的保护。例如，我们国家银行的贷款基准年利率是 4.35%，那么个人放贷年利率不超过 17.4%就算是“合理”的。在资金紧张及经济过热时，个别放贷人的贷款利率是月息 10%，折算成年利率就是 120%，已经远远超过国家规定的比例，是要受到国家严厉打击的。

二、高利贷与民间正常借贷的区别

1. 性质不同

民间借贷往往出于互帮互助，通常属于私人之间的单独交往。虽然放贷者一般也有收益，但其利息不会高得离谱，最多不会超过银行利息的 4 倍。高利贷则不同，放贷者就是想牟取暴利，放贷是放贷者的一种商业行为，通常利息畸高，远远超出银行利息的 4 倍。

2. 规模不同

民间借贷的金额一般不大，借贷对象一般是熟悉的个人和单位，放贷次数也不会太多。高利贷则金额较大，通常是向不特定的人、多次发放贷款。

对借贷双方来说，涉入高利贷市场的人群都属于高危人群。对于放贷者来说，由于资金来源也是通过高息吸收上来的，所以必须高度关注贷出资金的安全，一旦借款者还款不及时，便容易动用非正常手段催债，甚至动用违法手段来逼债，极易引发社会治安问题。对于借款者说，通过高利率借来的款项，虽然能解决生产经营或生活中的眼前困难，但是却背上了高利率的债务。在生产经营上，必须要取得高于利息率的资金利润率才能维持生产经营，一旦达不到取得高利润的目标，就意味着没有能力还款。有的就采取各种办法来逃避债务，由此又引发放贷人形形色色的催讨，甚至被追杀，影响了社会的稳定。所以说，高利贷是一个依附在商品经济身上被人们痛恨的毒瘤，必须要严格监控。

三、高利贷的手法

高利贷的手法花样繁多，虽说有一定的历史延续性，但发展到今天有很大的不同。现代社会的高利贷陷阱可分为两方面，即“明面”与“暗面”。

“明面”上的高利贷一般较易辨别，也较为普遍。这种高利贷、高利息信息“透明”，不采用“欺骗、陷阱”的方式来榨取借款人私人财产。“地下钱庄”以及一些冠之以“投资公司、担保公司、财务公司”等民间借贷机构放出的高利贷大多属此种。

“暗面”上的高利贷在借贷关系上模糊，普遍让人不易辨别。

举例来说，农户急需要钱，向放贷者借钱，放贷者以降低风险为由，让农户把身份证、户口本都押下，并且把农户的房屋等财产作为抵押，将相关证明押下。之后，放贷者借各种名目和说辞让农户签下一份委托对方帮你卖房的公证书，或者是一份空白的房屋买卖合同，以及农户收取了他们多少钱的“收条”（注意，是收条而不是欠条）。到还钱的时候，如果农户还不了，放贷者就有可能卖掉农户财产。即使农户能还钱，放贷者照样可以拿着上述证件说农户已将财产卖出，而且收了钱，交出相应证明，证明是农户违约。农户要取回相关证明则需要赔付放贷者违约金。这种高额的违约金变相成为高额的利息，农户极易掉进类似的高利贷陷阱。

“高利贷公司”往往偷换概念，掩盖事实。一些小广告以及网上打着“当天放款”旗号的，大多是行高利贷之实的公司，对于这样的民间借贷机构千万不要冒进。拿到钱的那一刻很可能就掉进了巨大的高利贷陷阱。

四、高利贷的防范

企业和农户在生产和生活过程中出现临时的资金需求时，可通过正规的融资渠道进行融资，切不可以通过非法集资和借高利贷的方法来解决。目前，通过金融机构解决融资问题的途径是多种多样的。

1. 农户

一是通过抵押、质押获得贷款，如用未到期的存单到金融机构进行质押获得贷款。也可以向金融机构咨询2016年开始试点的农村承包土地的经营权和农民住房财产权抵押贷款的办理。

二是通过信用担保获得贷款。对于急需用钱且数额小、时间短的农户而言，可通过有固定工资收入的人员（如公务员）为其进行担保从而获得贷款，如中国邮政储蓄银行、信用社等金融机构开办有“农户联保贷款”“商户联保贷款”“党员创业授信卡”等业务。

总之，目前各金融机构针对个人小额贷款的金融产品越来越多，农户要多咨询、多了解，切不可盲目举借高利贷。

2. 农村企业

一是通过抵押方式获得贷款。企业可以通过有效资产到金融机构进行抵押获得贷款，如土地、厂房、机械设备等均可进行抵押。

二是企业间相互担保获得贷款。借款企业只要找到愿意为其进行担保并符合担保资格的企业为其进行贷款担保就可获得贷款。

三是通过担保公司为其担保获得贷款。政府部门也在积极解决中小企业融资难的问题，如设立的专门担保机构，部分因无土地使用证、房产证等有效抵押资产的企业可通过担保公司为其担保从而获得贷款。

各金融机构也正积极探索权利质押、设备质押、流动资产质押、出口退税托管账户、保付代理、联保贷款等新方式，切实解决中小企业贷款难的问题。

信用是企业的名片。广大农村企业家一定要增强诚信意识，与金融部门建立真实可靠、长期的信用关系，在需要钱的时候，金融机构就会千方百计伸出援助之手。

第二节　非法集资防范

一、非法集资的概念

非法集资是指单位或者个人，未按法定程序经有关部门批准，以发行股票、债券、彩票、投资基金或者其他债权凭证的方式，向社会公众筹集资金，并承诺在一定期限内以货币、实物以及其他方式，向出资人还本付息或给予回报的行为。

二、非法集资的特征

非法集资主要有以下 3 个特征。

1. 非法集资方式变化多样

犯罪分子大多通过注册合法的公司或企业，打着响应国家产业政策、支持新农村建设等旗号，由传统的种植、养殖向工程项目、科技开发、投资入股、消费返利等方式转化。

2. 多种犯罪行为相互交织

犯罪分子将非法集资与传销、合同诈骗等经济违法犯罪行为相互交织在一起，采用传销手段首先对集资人员进行洗脑，许诺种种优惠条件和获利模式，然后再引诱集资，层层下套。一般在集资初期，犯罪分子往往积极“兑现”回报承诺，骗取信任，吸引更多的人踊跃加入，集资规模迅速呈几何级放大。

3. 非法集资宣传不惜血本，利用媒体造势

如在一些媒体上刊登专访文章，利用报道宣传不法企业的“业绩”；将部分非法集资款投入公益事业或进行捐赠；雇佣业务员到农村散发传单，传播集资信息；举办各种活动，并在现场兑现红利，让参与人员先尝到甜头，为非法集资活动宣传“现身说法”。

三、非法集资的防范

应主要从以下 4 方面防范非法集资。

第一，认清非法集资的本质和危害，提高识别能力，自觉抵制各种诱惑。坚信“天上不会掉馅饼”，对“高额回报”“快速致富”的投资项目进行冷静分析，以免上当受骗。

第二，识别非法集资活动，主要看主体资格是否合法，从事的集资活动是否获得有关部门的批准，是否向社会不特定对象募集资金，是否承诺回报（非法集资一般具有许诺一定比例集资回报的特点），是否以合法形式掩盖其非法集资的性质等。

第三，增强理性投资意识。高收益往往伴随着高风险，不规范的经济活动更是蕴含着巨大风险。因此，一定要增强理性投资意识，依法保护自身权益。

第四，增强风险意识。非法集资是违法行为，参与者投入非

法集资的资金及相关利益不受法律保护。因此，当一些单位或个人以高额投资回报兜售高息存款、股票、债券、基金和开发项目时，一定要认真识别，谨慎投资。

第三节　网贷防范

一、网贷概述

“网贷”，是网络贷款的简称，是个体和个体之间通过互联网平实台现的直接借贷。而不良信贷是网络贷款中的一个漏洞，它一般披着具有诱惑力的迷人外衣，打着申请便利、手续简单、放款迅速的旗号，喊着“花明天的钱，圆今天的梦”“总有一款满足你”的口号，像金融毒品一样能够让人欲罢不能，让你越贷越穷。

二、网贷套路

网贷套路主要有以下 3 种。

一是以“大额度、低利息、对征信没有要求”等为诱饵，利用短信、网页广告或直接大范围打电话等吸引受害人。

二是以“快速放款，无视黑白，无前期”等承诺诱导受害人签下贷款合约。

三是到期故意不催收还款，等贷款逾期，本金和利息达到巨大金额后才开始催收本金和利息。

三、网贷危害

不良网贷会窃取客户的个人信息或将其贩卖给第三方平台，并利用客户的身份信息做一些违法的事情。不良网贷会增加客户隐性负债和资产风险，使客户的征信变得紊乱不堪。经常申请网贷容易增加金钱缺口，造成“拆东墙补西墙”现象，最终雪球越滚越大，无法控制。网贷逾期会受到暴力催收，电话短信轰炸、上门骚扰等麻烦。

第四节　银行卡诈骗防范

一、银行卡诈骗的概念

银行卡诈骗是指犯罪分子通过短信、黑客软件、“网络钓鱼”、假卡大宗购物以及在 ATM 上做手脚等行骗手段，是非法将客户银行卡中的资金，转入自己的账户并据为己有的诈骗行为。

二、常见的银行卡诈骗手法

1. 短信诈骗

这种诈骗主要有两种形式：一种是中奖型，说持卡人中了大奖，让持卡人领奖前先缴税；另一种是消费型，说持卡人的银行卡在商场消费若干元，如有疑问回电咨询，然后套取卡内信息，将持卡人卡内的现金转走。

2. 盗取客户银行卡信息

个别不法分子运用高科技手段，破译网上银行加密技术，盗取客户银行卡的卡号、密码，然后克隆伪卡窃取存款。

3. 在互联网上设立假的金融机构网站，骗取银行卡卡号、密码

犯罪嫌疑人利用持卡人账户信息保护意识不强等弱点，套取持卡人银行卡信息，然后利用网上银行转账或消费，盗取银行卡资金。

4. 在ATM上做手脚

如在ATM上张贴紧急通知、公告（如温馨提示、银行系统升级、银行程序调试等），要求持卡人将银行卡资金通过ATM转到指定账户上，从而达到盗取持卡人资金的目的。再如，在自助银行门禁系统、ATM或POS上加装读卡装置，套取客户银行卡上的磁道信息，并在ATM或POS上安装带摄像功能的MP4装置，摄取客户密码。

三、银行卡诈骗的防范

如今，银行卡与现金业务减少，但如有办理时仍须谨慎防范。

1. 不断增强甄别各类短信诈骗的意识

目前大部分银行都开通了银行卡取现、消费等短信提醒业务，且正规的短信内容必定包括发生交易的银行卡卡号（或卡号的最后若干位数）。由于发送虚假短信的不法分子并不知道持卡人的真正卡号，因此虚假短信中不可能含有发生交易的银行卡卡号信息。

2. 不断增强安全用卡意识

尽管不法分子进行银行卡诈骗的手段不断变换，花样层出不穷，例如，冒充中国银联、发卡银行，甚至公安机关，采用短

信、邮件、电话通知、信函等方式行骗，巧妙地利用部分持卡人担心资金安全的焦虑心理完成作案，但是。对付这些银行卡骗术并非难事，只要持卡人认真阅读发卡银行提供的有关使用说明和安全防范要求，具备基本的用卡常识，保管好自己的银行卡及密码，不要轻易向他人透露银行卡账户信息，不要轻易将资金转入陌生账户，诈骗分子也就无计可施了。

3. 及时采取必要的防范措施

如果对自己的银行卡在使用过程中确有疑问，应亲自到银行柜台办理，或者致电各发卡行的客户服务热线、中国银联客户服务热线（95516）等，在未经中国银联和发卡行客户服务中心核实前，请不要随意拨打短信中的陌生电话。如果发现自己银行卡内资金已遭受损失，应立即报案，并保留好基本信息。不要轻易接受“热心人”的帮助，防止他人窃取银行卡：不要轻易扔掉自动柜员机吐出的回单，如确实要扔掉，应将其撕碎，确保自己的账户信息无法被他人获取。

4. 安全取款“三部曲”

一看。取款前要注意观察身边是否有可疑人员，保证一米线内没有其他人，如果有人越线，应善意提醒其退后。

二摸。操作前要先摸两个地方，一是 ATM 上方挡板，尤其是按键器正上方，检查是否有异常凸起物。用于偷窥储户密码的针孔摄像头，一般都是安装在这个地方。二是磁卡插槽口，能够复制储户账户信息的读卡器就安装在这里。读卡器通常非常薄，只有 3 毫米左右，不细看很难发现。但再薄的读卡器也会使插槽口边缘略凸出于 ATM 机身，只要用手一摸，就能很明显地感觉到。此外，还可试着用手抠一抠，如果装有读卡器，就会出现明显松动，甚至脱落。

三挡。输入密码时，应有意识地用另一只手或书报等物挡住按键器，防止遭到偷窥。按键指法也有技巧，不宜用单指按键，应将5个手指都置于按键器上，多指配合输入，这样就给不法分子偷窥增加了难度。

第二部分　农业保险

第六章　农业保险概述

第一节　农业保险的概念和特征

一、农业保险的概念

农业保险有广义和狭义之分。在我国，狭义的农业保险包括种植业保险、养殖业保险。而广义的农业保险不仅包括农、林、牧、渔业的保险，还包括与农业、农户有关的其他财产的保险，涉及农业生产、农村生活的各个领域。依据我国《农业保险条例》的界定，农业保险是指保险机构根据农业保险合同，对被保险人在种植业、林业、畜牧业和渔业生产中因保险标的遭受约定的自然灾害、意外事故、疫病、疾病等保险事故所造成的财产损失，承担赔偿保险金责任的保险活动。此外，还拓展到涉农保险，包括农房、农业机械、渔船等标的的保险。

在国外，狭义的农业保险只涉及农作物保险，广义的农业保险包括农场上的一切物质财产、责任和人身的保险，包括农作物、饲养动物、农工企业、机械设备、建筑物、相关各类民事责任和人身的保险。

根据我国2013年3月1日正式实施的《农业保险条例》，我国的农业保险可以分为种植业保险、养殖业保险和涉农保险三大险别。种植业保险是指以各种粮食作物、经济作物、林木、果实等为主要对象的保险，一般分为农作物保险和林木保险两类。养殖业保险是指以饲养、繁殖的各种畜禽、水生动物为主要对象的保险，包括大牲畜保险、家畜家禽保险、水产养殖保险和其他养殖保险。涉农保险主要分为农房保险、农机和其他农业设施保险、渔船保险、农村短期人身意外伤害保险等。

农业保险是一个不断发展的概念。农业保险以农业产业为对象，而农业产业的内涵与外延是随着人类社会的发展而不断变化的，因此，不同时期、不同国家农业保险的内涵与外延也不尽相同，农业保险的概念也在不断发展变化。当前，农业保险又引入了天气指数保险、农产品价格指数保险等概念。

二、农业保险的特征

农业保险标的物的生物性，农业风险的多样性、分散性、季节性，风险损失的系统性，风险事故的伴生性等特征都决定了农业保险具有不同于其他保险的特殊性。具体来讲，农业保险的特征有以下5个方面，下面着重阐述政策性保险。

（一）经济性

保险的经济性特征体现在以较小的成本支出获得较大的风险保障。农业保险作为保险重要的组成部分，同其他保险一样，也是由农业生产者以一定的保费支出为代价，将从事种植业、养殖业和涉农财产在生产过程中所面临的自然灾害或意外事故等风险转移给保险人，当双方约定的农业风险事故出现并造成农业生产者经济损失时，由保险人为农业生产者提供经济补偿。与农业生产者所获得的补偿相比，农业生产者所支付的保险费是极少的，尤其是有国家财政补贴的农业保险。农业生产者的保费支出仅占总保险费的小部分，但当风险事故发生后却能获得较全面的赔偿。另外，农业保险的费率水平是保险人遵循经济学基本理论，以科学的精算方法厘定出来的，这也充分体现出农业保险具有经济性特征。

（二）区域性

由于农业风险的分散性特征，农业保险所承保的标的、灾害事故的发生等均具有分散性，这就导致农业灾害具有明显的区域性，农业保险也相应地表现出区域性特征。不同地区的主要灾害不同，风险类型、风险频率和风险强度差异很大。地理和气候的差异性为农业保险区划，特别是费率分区提供了依据。农业保险发达的国家，农作物保险的风险区划和费率区划已经达到了县、村或农场的层次。不同地域的农业保险产品设计不同，业务操作存在差异，甚至对高风险地区不提供商业性农业保险。

（三）周期性

农业生产的对象是有生命的动植物和微生物有机体，通常要经历一个连续的生长过程。不同年度之间、不同生长季节之间，农业发生自然灾害的损失程度往往有较大不同，有大灾年份、小灾年份和丰收年份的区分并交替出现。另外，各种自然灾害的发生，也具有一定的周期性。在农业保险上体现为保险人的经营具有周期性，业务安排上要考虑按时间维度分散风险，在具体业务经营上注重全程的风险防范与保险服务。

（四）高风险性

农业生产面临的最主要风险来自自然灾害，所以自然灾害必然成为农业保险的保险责任，而自然灾害的发生往往并不单一出现，一种灾害事故的发生会引起另一种或多种灾害事故的出现，例如，台风灾害往往伴有暴雨灾害，山区的暴风雨灾害还可能导致山洪和泥石流的发生等。因此农业风险损失也容易扩大，而且由于这种损失是多种风险事故的综合结果，很难区分各种风险事故各自的损失后果。所以，农业保险面临的大灾风险的概率远高于其他保险。

（五）政策性

政策性农业保险是以保险公司市场化经营为依托，政府通过保费补贴等政策扶持，对种植业、养殖业因遭受自然灾害和意外事故造成的经济损失提供的直接物化成本保险。政策性农业保险将财政手段与市场机制相对接，可以创新政府救灾方式，提高财政资金使用效益，分散农业风险，促进农民收入可持续增长。为世贸组织所允许的支持农业发展的“绿箱”政策。

1. 主要特点

我国目前推行的政策性农业保险是由政府发动组织的，是旨在保护和扶持我国农业的一个公益性保险产品。它与商业性农业保险相比具有如下几点不同。

（1）经营主体不同。政策性农业保险由政府直接组织参与经营，或指派并扶持其他保险公司经营，不具有盈利性；而商业性农业保险的经营范围只由商业性保险公司承担，是以营利为目的。

（2）政策性农业保险由政府给予一定比例的补贴，而商业性农业保险则完全由投保人自己承担费额。

（3）政策性农业保险是由政府组织推动，而商业性农业保险是由市场机制调节运作的。

（4）政策性农业保险是政府推动的，必须执行的。政府通过有关的法律规定，参与农业保险的农户既可享受到国家保险补贴，又可以享受到其他的优惠政策。如果不参加保险，灾后政府就不给于救济，农产品就不能得到政府价格补贴等。

（5）政策性农业保险经营的项目，一般保险责任范围囊括范围广，保险对象的损失概率较大，从而成本损失率高，商业性农业保险经营的项目责任范围窄，保险对象损失概率较小，成本损失可能性小。

2. 原则和目标

（1）基本原则。政策性农业保险的基本原则是政府引导、市场运作、自主自愿、协同推进。

（2）主要目标。建立健全政策性农业保险工作长效机制，提高农户投保率、政策到位率和理赔兑现率，实现“尽可能减轻农民保费负担”“尽可能减少农民因灾损失”的目标要求，推动政策性农业保险又好又快发展。

3. 存在的问题

随着政策性农业保险在我国逐步展开，一些问题也逐渐显现。主要包括以下几点。

（1）对政策性农业保险的认识不够明确。政策性农业保险在我国已经展开了几年，并取得了一定的成果，但由于政府宣传力度不够，使得地方政府及参保农户没有产生足够的重视。这体现在：一是地方政府对于为什么要进行“政策性农业保险”，对于它的方向发展、最终的目标，说法不一，存在诸多疑问。一些地方政府甚至把征收农业保险费看成是乱收费，因此对其缺乏积极性。二是“政策性农业保险”的经营方式不够明确。目前我国的农业保险主要是“政策性保险”和“商业化经营”相结合的运营模式。商业性保险公司也参与农业保险的经营，但是如何判断保险公司的盈亏是由政策性农业保险业务所致还是由经营商业性农业保险业务所至，以及政府的补贴力度如何，难以确定。这都将成为影响“政策性农业保险”进一步发展的原因。

（2）法律法规不健全。“政策性农业保险”对我国农业的发展将起到促进和保护的作用，它应该成为一种制度而保留下来，这必须要有一系列的法律法规作为支撑。而我国对于“政策性农业保险”到目前还没有一部完整的法律法规出台。相关的农业保险的法律只是在《中华人民共和国农业法》中简单提到：“农业保险必须自愿加入，任何人不得强制”，而经过改版后的现行的《中华人民共和国保险法》也主要是针对商业性保险，对农业保险没做具体规定，只是提到“国家支持为农业生产服务的保险事业，农业保险法律、行政法规另行规定”。我国至今专门的农业保险法律法规还是一个空白，现在诸多问题的解决措施一直无法可依。农业保险的健康发展受到很大程度的制约。

（3）低收入和高保费率的冲突。我国目前农业种植主要是人工耕作，生产力低下，人均耕种面积小，年收入很低。一年除去必要生活开支，生产成本几乎没有剩余。而农业保险，由于农业本身的特点，其成本较高，这就决定了高保险费率。据统计，一般农作物的保险费率在2%~15%，与其他保险相比，保险费率要高出十几倍。这样“政策性农业保险”的补贴费率即使能高达50%，广大农民仍交不起保费，结果造成投保需求不足，影响了“政策性农业保险”的发展空间。

（4）缺乏农业巨灾保险项目。近几年来我国多地遭受了大范围的洪涝、干旱等自然灾害，农民几乎颗粒无收，损失惨重。而我国政府并没有建立巨灾风险分散机制，各级政府在财政上也没有专项补贴。巨灾发生时，保险公司的赔付金额往往要超出当年收缴的农业保险费十几倍。这样就大大增加了保险公司的负担，甚至保险合同也难以履行。因此，如何分散风险，以确保农业保险继续发展下去是一个重要的问题。

（5）监督管理问题。我国目前农业保险的监管主要是由保监会来执行的，而从历史上来看，保监会主要是从事商业性保险的监管，而政策性农业保险是非盈利的，具有公益性质，而商业性保险和前者正相反，是以盈利为目的的保险。政策性农业保险和商业性保险二者的目的不同，经营理念亦不同。对于商业性保险，监管部门要考虑保险公司的盈利，也要确保被保险人的权益，力求二者的利益兼顾，而对于“政策性农业保险”，监管部门主要任务是将其作为一种政策进行推动，以达到最终政策想要达到的目标。两种不同性质的业务，目标理念不同，由同一部门监管，必然要产生多方面的矛盾冲突。这样，势必要影响到“政策性农业保险”顺利开展的政策建议。

4. 政策建议

（1）财政补贴政策。我国财政应对政策性农业保险给予相应的补贴，将农业保险补贴列入中央财政预算。具体包括如下内容。

第一，提供保费补贴。对农业保险经营费用进行补贴，由政府按照保险公司农业保险保费收入比例给予全额补贴经营费用，保险公司不从农业保险的保费中提取任何费用，农业保险保费全部用于赔付。

第二，提供管理费补贴。对经营政策性农业保险的保险公司提供一定的费用补贴，既可降低农业保险价格，又可提高保险公司经营的积极性。

第三，提供再保险补贴。对政策性农业保险业务购买再保险给予一定比例的保费补贴，以进一步降低保险公司的保险风险，增强其赔付能力。

（2）再保险制度。建立国家补贴的再保险体系是各国农业保险由自由竞争转变为国家管理的重要标志。再保险可采取在一定范围内法定分保方式进行。现阶段，再保险业务可以由中国再保险公司兼营，也可以通过补贴的方式吸引商业保险公司经营此项业务。

（3）巨灾风险基金制度。我国是世界上自然灾害频发且损失最严重的国家之一，由于农业风险具有高度关联性，致使农业风险损失在时间和空间上不易分散，很容易形成农业巨灾损失。因此，应建立政府主导下的农业巨灾风险基金，由中央、地方政府提供财政支持，积累巨灾风险保障基金，对遭遇巨灾损失的农业保险公司提供一定程度的补偿，增强其抵抗巨灾风险的能力。在正常年景巨灾风险保障基金只积累不使用，一旦出现大的自然灾害，农业保险公司超赔部分由农业巨灾风险保障基金赔付。

（4）税收减免制度。政策性农业保险税收减免制度有利于扶持各种农业保险基金的积累，增强农业保险的自我发展能力。因此，应将政策性农业保险业务与其他业务严格分开，实行单独列账，单独核算，专账专人管理，免征营业税和所得税，实行保险公司经营一定区域范围内（县以下的范围）的其他险种相关税目免税，从而调动保险公司从事农业保险的积极性。

第一，对农业保险进行单独的保费收入管理，建立单独的电子化信息系统。

第二，对资金结余的管理要明确规定，要求专款专用，不得任意拆借。

第三，要对农业保险分险种核算，积累数据，为未来相关规定的制定提供依据。

第四，建立费用的分项管理系统。

（5）农业信息定期公布制度。建议相关部门对全国的农业信息进行统计、调查、研究，做好农业保险的基础工作，掌握完整的产量及灾害统计资料和各种作物的成本数据，使定损理赔有所依据，从而促进农业保险快速发展。

第二节　农业保险的分类

一、按照业务性质划分

按照业务性质，农业保险分为商业性农业保险和政策性农业保险。

1. 商业性农业保险

商业性农业保险是指由保险机构以盈利为目的，完全按照商业化的运作方式来经营的农业保险。商业性农业保险完全由商业保险公司自主运营，公司效益为先，需要投保农户自缴全额保费，保险公司承担完全赔偿责任，如个别地方开展的农作物火灾或雹灾保险，以及2015年北京维嘉集团向中国人民保险公司购买的鸡蛋期货价格保险就是这种类型的商业性农业保险产品。

2. 政策性农业保险

政策性农业保险是在国家指导下，由财政对农民保费实行补贴，相关部门共同参与推进的一种保险制度。政策性农业保险制度最早是在2002年12月提出的，当时新修订的《中华人民共和国农业法》中，首次提到“国家逐步建立和完善政策性农业保险制度”。政策性农业保险在《农业保险条例》中再次得到确认，条例中明确提出“国家支持发展多种形式的农业保险，健全政策性农业保险制度。”与商业性农业保险不同的是，政策性农业保险以贯彻落实政府政策为首要目标，有明确的公共利益取向，致力于保障农民的权益。商业性农业保险和政策性农业保险的区别如表6-1所示。

表6-1 商业性农业保险和政策性农业保险的区别

项目	商业性农业保险	政策性农业保险
经营目的	根据市场或商业目标，以盈利为目的	根据政策目标或服从特定的政策规划，不以盈利为目的

（续表）

项目	商业性农业保险	政策性农业保险
经营主体	商业保险公司经营	政府直接组织经营，或由政府成立的专门机构经营，或在政策支持下，由保险机构（保险公司、保险合作社）经营
保费交纳	由农民自己交纳全额保费	由财政补贴一部分保费，农民自己承担部分保费
营利能力	保险责任较小，损失概率较小，正常情况下营利能力较强	保险责任较广泛且损失概率较大，赔付率较高，难以营利
社会福利	社会福利作用不明显	可以增进社会福利，保障农民利益
强制程度	自愿投保，不具有任何强制性	通过有关法律法规，将农业保险与其他优惠政策相联系

二、按照承保对象划分

按照承保对象划分，农业保险可分为种植业保险、畜牧业保险、森林保险和渔业保险 4 种。

1. 种植业保险

种植业保险也称为农作物保险，是以稻、麦、玉米等粮食作物和棉花、烟叶等经济作物为对象，以各种作物在生长期间因自然灾害或意外事故而遭受损失为承保责任的保险。农作物生长期间，很容易受气象的影响，其产量多少取决于土壤环境和自然条件、作物对自然灾害的抗御能力、生产者的培育管理等。为了减少自然灾害和意外事故对农作物造成的减产，开展农作物保险是保障农民收益的一种手段。目前，我国开办的生长期农作物保险有：小麦种植保险、水稻种植保险、玉米种植保险、大豆种植保险、油菜种植保险、马铃薯种植保险、棉花种植保险、烟叶种植保险、甘蔗种植保险等。

2. 森林保险

（1）公益林保险。公益林保险是以天然林场和人工林场为承保对象，以林木生长期间因自然灾害和意外事故、病虫害造成的损失为承保责任的保险。林木在生长期遇到的灾害有火灾、虫灾、风灾、雪灾、洪水等，其中火灾是主要灾害。

（2）经济林保险。经济林保险承保的对象是生长中的各种经济林种，包括这些林木提供的具有经济价值的果实、根叶、汁水、树皮等产品以及可供观赏、美化环境的商品性名贵树木、树苗等，保险公司对这些树苗、林种及其产品由于自然灾害或病虫害所造成的损失进行补偿。目前有柑橘、苹果、山楂、板栗、橡胶树、茶树、核桃、枣树等保险。

3. 畜牧业保险

畜牧业保险主要是以奶牛、肉牛、马、猪、羊、鸡、鸭等为承保对象，因疾病或自然灾害和意外事故造成的死亡、伤残以及因流行病而强制扑杀、掩埋所造成的经济损失。

4. 渔业保险

渔业保险包括渔船保险、渔民人身保险和水产养殖保险。渔船保险承保渔船包括船壳及其附属设备因自然灾害或意外事故造成的全损或部分损失及由此产生的共同海损和救助费用等。渔民人身保险承保船员在船上作业因遭受意外事故而造成的身故或伤残。水产养殖保险以商品性的人工养鱼、养虾等水产养殖产品为承保对象，承保在养殖过程中因疫病和自然灾害造成的水产品收获损失或养殖成本损失。

5. 农机保险

农机保险是由保险人（包括各种保险组织）为农机拥有者、使用人员在农机田间作业、道路运输、农业生产、农产品加工等生产经营过程中，遭受自然灾害或者意外事故所造成的损失提供经济补偿的保险保障制度，在减少农户风险损失和保障安全生产方面发挥了重要作用。

三、按照保障目标划分

根据农业保险保障目标或保险责任的不同，我国农业保险又可以分为成本保险、产量保险、价格保险和收入保险。

1. 成本保险

2007 年，为了尽快推动农业保险事业的发展、让更多农民享受到农业保险政策，中共中央、国务院确定了“低保障、广覆盖”的农业保险发展原则，即以农业生产过程中所消耗的直接物化成本为依据确定农业保险保额。目前，我国实施的农业保险产品大都属于这种类型，它的承保责任是在农业生产经营过程中，对有生命的动植物因遭受自然灾害或意外事故而造成的经济损失给予补偿的一种保险。

2. 产量保险

和成本保险一样，产量保险也是以有生命的动植物体在生产过程中因遭受洪涝、冰雹等不利气候、自然灾害或意外事故而造成的经济损失为保险责任。与成本保险不同的是，产量保险的保障能力更高，产量保险的保障金额不是以直接物化成本，而是以该作物的产量为依据进行确定的。

3. 价格保险

价格保险是近年来我国出现的一种较为新颖的农业保险产品，它是对农业生产经营者因市场价格大幅波动、农产品价格低于目标价格或价格指数造成的损失给予经济赔偿的一种制度安排。价格保险是一种指数保险，它是以农产品价格指数，而不是每个生产者实际出售价格为赔付计算依据的农业保险产品。2010年上海推出的淡季绿叶菜成本价格保险，2013 年北京推出的生猪价格指数保险都属于这种保险。

4. 收入保险

收入保险是在产量保险和价格保险基础之上的升级和加强版，它是为农业生产的收入损失提供风险保障的一种保险产品，即不管是由于气象条件不利、自然灾害的发生，还是市场价格的下跌，只要是非人为因素造成的农业损失，保险公司都根据保险条款对实际收入和预期收入之间的差额进行赔偿。

四、按照产品推出先后顺序划分

1. 传统型农业保险

传统型农业保险出现的时间较早，目前已经基本成熟，并且在我国大范围应用于实践。中央财政提供了 15 个农业保险保费补贴品种，都属于传统意义上的农业保险，它们都是以产量保险和成本保险为主，以自然灾害风险为保险责任，保险金额低、理赔难度大。目前，我国农业保险绝大部分保险产品都是传统型保险，保障责任是由于自然灾害风险导致的单位产量损失。

2. 创新型农业保险

（1）农产品价格指数保险。农产品价格指数保险是一种较为新颖的农业保险产品，是对农业生产经营者因市场价格大幅波动、农产品价格低于目标价格或价格指数造成的损失给予经济赔偿的一种制度安排。农产品价格指数保险仅在上海蔬菜、北京生猪、四川生猪和吉林大豆等部分地区、部分品种上进行试点和试验，尚未大面积推广。

（2）天气指数保险。天气指数农业保险是在一个指定的区域，根据气象指数对因灾造成的损失进行赔付的产品。以一种事先规定的气象事件发生为基础，如果当年的气候条件好于这一基础条件，则保险公司无需对保险购买者赔付；如果当年的气候条件劣于这一基础条件，则保险公司需要对保险购买者赔付一定金额。目前在天气指数方面，种植险产品居多，包括水稻天气指数保险、棉花低温指数保险、柑橘冻害指数保险等；养殖险产品则集中在水产养殖业，包括海参天气指数保险、大闸蟹气温指数保险等。

第三节　农业保险的办理和理赔

一、《农业保险条例》的要求

自2004年中央一号文件提出“加快建立政策性农业保险制度”，特别是2007年中央实施保费补贴政策以来，我国农业保险快速发展并逐步上升为中央强农惠农政策的重要组成部分。为规范和促进农业保险发展，2012 年 10 月，国务院颁布了《农业保险条例》并于 2013 年 3 月 1 日起正式实施，填补了农业保险领域的法律空白，也标志着我国农业保险进入了依法发展的新阶段。2016 年，根据《国务院关于修改部分行政法规的决定》（国务院令第 666 号），对《农业保险条例》进行了修订。

（一）《农业保险条例》的总体要求

《农业保险条例》（以下简称《条例》）对农业保险经营的总体要求可以简要概括为依法经营、条件准入两部分。

1. 依法经营

《条例》规定，保险公司以及依法设立的农业互助保险等保险组织都具有参与经营农业保险的权利。这一规定明确了保险公司和农业互助保险等保险组织在农业保险中的经营主体地位，为其开展农业保险经营活动提供了法律依据。《条例》同时明确，除保险机构外，任何单位和个人不得经营农业保险业务。

2. 条件准入

《条例》对保险机构经营农业保险设置了准入门槛。《条例》规定，保险机构经营农业保险业务，应当符合下列条件：①有完善的基层服务网络；②有专门的农业保险经营部门并配备相应的专业人员；③有完善的农业保险内控制度；④有稳健的农业再保险和大灾风险安排以及风险应对预案；⑤偿付能力符合国务院保险监督管理机构的规定；⑥国务院保险监督管理机构规定的其他条件。

（二）农业保险合同的签订规定

农业保险不同于一般的财产保险，在保险合同当事人的权利义务以及投保理赔等方面都有显著的差异。针对农业保险的特殊性，《条例》对农业保险合同作出了有别于一般保险合同的规定。

1. 投保主体的多样化

《条例》第十条规定："农业保险可以由农民、农业生产经营组织自行投保，也可以由农业生产经营组织、村民委员会等单位组织农民投保。"可见，农业保险的投保主体除了农民、农业生产经营组织自行投保外，还包括农业生产经营组织、村民委员会组织农民投保，这样的立法规定在其他保险中是没有的。

为确保农民的权益不受到损害，《条例》对农业生产经营组织、村民委员会组织农民投保的，要求进行信息公开。《条例》还规定："由农业生产经营组织、村民委员会等单位组织农民投保的，保险机构应当在订立农业保险合同时，制定投保清单，详细列明被保险人的投保信息，并由被保险人签字确认。保险机构应当将承保情况予以公示。"

2015 年，中国保监会印发了《农业保险承保理赔管理暂行办法》（保监发〔2015〕31 号）（以下简称《办法》），《办法》对种植业保险和养殖业保险业务承保理赔管理进行规范。《办法》第七条规定：农业生产经营组织或村民委员会组织农户投保的，应制作分户投保清单，详细列明被保险人及保险标的信息。投保清单在农业生产经营组织或者村民委员会核对并盖章确认后，保险公司应以适当方式在村级或农业生产经营组织公共区域进行不少于 3 天的公示。如农户提出异议，应在调查确认后据实调整。确认无误后，应将投保分户清单录入业务系统。

2. 保险合同的稳定性

由于农作物的生长周期具有季节性，灾害的发生也具有季节性、集中性，使得投保人、保险人可能利用合同解除权进行逆向选择。为了避免此类道德风险，《条例》第十一条规定：“在农业保险合同有效期内，合同当事人不得因保险标的的危险程度发生变化增加保险费或者解除农业保险合同。”

3. 条款费率的公允性

为合理确定保险费率和保险条款，《条例》第十九条规定：保险机构应当在充分听取省级人民政府财政、农业、林业部门和农民代表意见的基础上，公平、合理地拟定农业保险条款和保险费率，并依法报保险监督管理机构审批或者备案。

（三）农业保险的理赔规定

农业保险理赔是指农业保险标的发生保险事故而使被保险人财产受到损失或人身生命受到损害时，或保单约定的其他保险事故出险而需要给付保险金时，保险公司根据合同规定，履行赔偿或给付责任的行为。

针对农业保险业务的特点，从侧重于保护投保农户利益的角度出发，《条例》对农业保险的理赔做出了特殊规定。

1. 定损方法

为保证查勘定损的准确性，《条例》第十二条规定：保险机构接到发生保险事故的通知后，应当及时进行现场查勘，会同被保险人核定保险标的的受损情况。保险机构按照农业保险合同约定，可以采取抽样方式或者其他方式核定保险标的的损失程度。采用抽样方式核定损失程度的，应当符合有关部门规定的抽样技术规范。针对受损标的的残余价值，《条例》还规定：法律、行政法规对受损的农业保险标的的处理有规定，理赔时应当取得受损保险标的已依法处理的证据或者证明材料。保险机构不得主张对受损的保险标的残余价值的权利，农业保险合同另有约定的除外。

除此之外，《办法》还对保险机构查勘定损进行了细化。《办法》第十五条规定：保险公司应在接到报案后24小时内进行现场查勘，因不可抗力或重大灾害等原因难以及时到达的，应及时与报案人联系并说明原因。第十八条规定：保险公司应及时核定损失。种植业保险发生保险事故造成绝收的，应在接到报案后20日内完成损失核定；发生保险事故造成部分损失的，应在农作物收获后20日内完成损失核定。养殖业保险应在接到报案后3日内完成损失核定。发生重大灾害、大范围疫情以及其他特殊情形除外。

2. 赔款支付

为保障受灾农户及时足额得到保险赔偿，《条例》规定：保险机构应当在与被保险人达成赔偿协议后10日内，将应赔偿的保险金支付给被保险人，且保险机构应当按照合同约定，根据保险标的损失程度足额支付应赔偿的保险金。同时，《条例》还明确：任何单位和个人不得非法干预保险机构履行赔偿保险金的义务，不得限制被保险人取得保险金的权利。

二、农业保险的经营机构

目前，经营农业保险的主要保险公司可以分为两类：一类是中国人民财产保险股份有限公司、中华联合保险控股股份有限公司、中国大地财产保险股份有限公司等综合性保险公司，农业保险品种较为丰富、覆盖范围较广；另一类是吉林的安华农业保险股份有限公司、黑龙江的阳光农业相互保险公司、安徽的国元农业保险股份有限公司、上海的安信农业保险股份有限公司等专业性农业保险公司，这些保险公司一般都是以所在省份为中心，辐射全国，开展农业保险经营。

三、农业保险的申办程序

如何选择农业保险？投保农业保险应当做哪些事前准备工作？如何进行投保？应当注意哪些问题？下面从农业保险投保前准备、投保流程、投保注意事项等方面进行详细解答。

1. 投保前的准备

在农业保险投保前，应与当地相关农业保险公司联系并充分沟通，了解相关农业保险信息，以此来选择适合自己生产经营需要的农业保险。

（1）当地经营农业保险的保险公司有哪些？各自都有哪些农业保险品种？哪种险种适合自己的生产经营情况？

（2）所需的农业保险品种投保的条件是什么？相关保费是多少？保险金额是多少？承保的风险有哪些？理赔程序是什么？

（3）所需的农业保险品种是商业性保险还是政策性保险？若是政策性农业保险，则保险保费补贴是多少？补贴比例是多少，以及相关的优惠措施是什么？

（4）农业保险条款的内容是什么？尤其要了解保险标的、

免责条款、双方权利义务等重要信息。

2. 投保流程

第一步，投保人向保险公司提出投保申请，并填写保单；第二步，保险公司受理保单，并对投保人等资料进行查验，查验保险标的是否符合投保条件、保险标的实际情况是否与保单填写相符等信息，确定是否承保；第三步，等保险公司确定承保后，投保人缴纳保险费；第四步，保险公司出具保险单；第五步，投保人签收保险合同。

3. 投保注意事项

（1）应当选择正规农业保险经营机构或保险业务员办理保险合同，以免上当受骗。

（2）应当仔细阅读农业保险合同，存有疑问的地方一定要及时咨询。

（3）农业保险投保完成后，应妥善保管相关单据：保险单、缴费发票、附带农业条款以及相关部门出具的防疫、健康、死亡原因等证明。

（4）农业保险投保后，并不意味着所有灾害都能得到赔偿和所有的投入都能弥补，因此，仍然需要认真管理经营，积极采取有效措施防范风险。

四、农业保险的理赔程序

农业保险理赔是指农业保险标的发生保险事故而使被保险人财产受到损失或人身生命受到损害时，或保单约定的其他保险事故出险而需要给付保险金时，保险公司根据合同规定，履行赔偿或给付责任的行为。

1. 报案

一旦遇到灾害事故，投保农民应及时向保险公司客服或者通过村协保员、乡镇保险代理员向保险公司报案，同时保护好标的物和灾害事故现场。

2. 查勘定损

保险公司在接到投保农户报案后，应在 24 小时内组织相关人员进行现场查勘，因不可抗力或重大灾害等原因难以及时到达的，应及时与报案农户联系并说明原因。查勘结束后，保险公司应及时定损，并做到定损结果确定到户。

3. 立案

保险公司应在确认保险责任后，及时立案，并根据查勘定损情况及时调整估损金额。

4. 理赔公示

农业生产经营组织、村民委员会等组织农户投保种植业保险的，保险公司应将查勘定损结果、理赔结果在村级或农业生产经营组织公共区域进行不少于 3 天的公示。保险公司根据公示反馈结果制作分户理赔清单，列明被保险人姓名、身份证号、银行账号和赔款金额，由被保险人或其直系亲属签字确认。农户提出异议的，保险公司应进行调查核实后据实调整，并将结果反馈。

5. 核赔

保险公司对查勘报告、损失清单、查勘影像、公示材料等关键要素进行审核。

6. 赔款支付

保险公司应在与被保险人达成赔偿协议后 10 日内支付赔款。

其中，农业保险合同对赔偿保险金的期限有约定的，保险公司应当按照约定履行赔偿保险金义务。

第四节　农业保险与农村信贷合作模式

一、农业保险与农村信贷合作的现实可行性

通过对农业保险和农村信贷合作过程中农业保险对农村信贷的保障作用，农村信贷对用于农业保险的资金保障，分析农业保险与农村信贷合作过程的现实可行性。

1. 政策性农业保险是农业保险与农村信贷合作的前提条件

因为政策性农业保险覆盖的范围广泛，而且在服务的目的、风险、对象等方面与农村信贷存在着很多的共性，使得二者在开发设计新的农业产品方面存在合作的基础。首先，通过农村信贷机构使保险机构减少了因为信息不对称而产生骗保的现象等；其次，农村信用社也可以通过保险公司获得更多的信息，确保投放的资金安全可靠。总之，农业保险与农村信贷合作可以达到取长补短的目的，降低双方的交易成本。

2. 农业保险可以提高农村信贷资金使用价值

在信贷机构借款的农户，其生产经营的农业生产资料大部分属于抵抗灾害能力较差的农作物。由于这种情况的出现使信贷机构经常出现借出款项无法收回的现象，虽然国家规定可以适当调节利率，弥补损失，但是利率提高后并不能真正改变现状。而具有政策补贴以及缴费低等特点的农业保险改变了农户贷款难的状况。

3. 由于政策性农业保险使农户的收入有了一定的保障

即使发生一些意外使其农业遭受损失，保险机构也会给予一定的赔偿，改变了农户所面临的收入不稳定的状况，而且提高了向信贷机构借款的能力，贷款不再是农民的困难，借入资金后投向农业，创造更多的财富，从而实现资金的良性运动。

二、农业保险与农村信贷合作中存在的问题

把农业保险与农村信贷结合起来，是借鉴美国等国家开展农业保险的经验，我国农业保险和农村信贷的合作尚处于基础阶段，仍然有很多的不足之处和需要完善的地方。

1. 金融产品缺乏创新力度

当前，无论是保险公司还是信贷机构都是按照其实际需要以及内部要求为主要出发点各自制定符合自己的发展策略，农业信贷产品与农业保险产品在设计方面有不匹配的现象，由于基层金融机构的金融产品创新缺少自主权，农业保险为农村信贷提供的风险保障作用有限，保险公司和信贷机构很难充分有效地参与保险与信贷产品的开发与创新。

2. 无抵押且交易成本高

农业保险与农村信贷都具有收益低、风险高、相对分散的特点，由于农户的贷款额度相对较小，而且缺少财务资料记录和风险抵押，信贷机构很难用传统的贷款分析技术来确定贷款的对象。所以，贷款机构很难确定贷款对象的成本。从农业保险的角度看，农户与保险公司之间信息不对称使其交易成本提高。但是，其问题是因为监督成本与获取信息的成本过高，保险公司想

完全消除道德风险与逆向选择极其困难。

3. 保险理赔慢，信贷资金及保险补贴拨款时间久

农村信贷与农业保险合作的是起始阶段，农民的补贴和信贷资金很难准时地到达农户的手中，使贷款的农户无法及时购买生产使用的各种生产资料，阻碍了农业的生产。很多农民在与农村信用社签约后信贷资金都没有到账，申请贷款的合作社在偿还贷款后没有收到政府的补贴。另外，在投保农户的经营过程中有意外事故出现时，农业保险公司的理赔都很缓慢，农户不能及时得到高效率的理赔服务。

三、解决农业保险与农村信贷合作问题的对策

（一）加强立法监督制度，并且制定相关法律

规定合作过程中信贷和保险的权利、义务及责任，加快农业保险立法进程。由于我国农村经济发展水平落后，农村信贷和农业保险之间的合作主要是采取兼业代理模式，农村信贷机构并不承担法律风险，保险公司承担着所有的法律风险，从而导致合作的进程受到一定的阻碍，因此，应该建立相应的法律体系，明确规定二者的法律责任。加速制定“农业保险法”，并且明确主体的权利以及农户、保险机构、政府机关、信贷机构的责任，这会使农业信贷和农村保险之间合作的利益得到保障。

（二）加大创新农村金融产品扶植力度

1. 加强村镇银行的扶植政策

着重解决资金短缺的难题，建议可以由政府出面，成立专门的资金拆借公司，或者地方政府也可以联系一些财政大户，将存

款存入村镇银行，这样一来不仅可以提高村镇银行的资金实力，同时也可以起到示范效应。国家应该针对村镇银行发展的不同阶段给予相应的帮扶政策，加大银行所得税的优惠政策，参考农村信用社改革时期的政策，根据相关文件规定可以适当免除企业所得税。针对村镇银行业务核算系统的完善，有关部门应当给予大力支持。同时，政府相关部门应支持村镇银行以直接联系的方式加入银联网络系统、大小额恢复系统等，帮助其以最快的速度解决问题。

2. 加强农村保险的扶植政策

政府也应该对保险公司提供一定的财政扶植，对其涉农保险业务税费予以减免优惠，允许其在税前列支农业保险准备金。村、县财政部门将收取的保费实行专户存储政策，每年年底结余的资金全部都转成巨灾风险的准备金，作为应对可能发生的农业巨灾带来的超赔风险基金，可以采取“以险养险”的策略，经营多样化的商业性保险类型，增加投保的单位，这样就可以扩大保费的收入，从而提高风险的分散能力。

（三）建立风险分散和控制机制

控制和分散巨灾风险的基本管理策略。建立巨灾风险再保险体系，再保险是主要承保了包括海啸、地震、冰雪灾害、台风等在内的巨灾风险的再保险业务，对于巨灾风险分散起到了重要的作用，并且通过分保机制使巨灾风险转移到国际市场。同时，采取一系列有效措施对巨灾风险进行风险保障，增强农业对巨灾风险的抵御能力。建立农业巨灾风险基金，农业巨灾风险基金作为化解巨灾风险的重要手段，是政府部门、农业保险公司以及行业协会三方共同组成的，把社会各界的资金聚集起来，有效地针对巨灾风险的防范以及对于被保险人和保险人的利益进行维护。

（四）我国农业巨灾风险分散和控制机制的构建

1. 农险业务方面

中央高度重视对于巨灾风险的控制，明确指出农业保险的发展方向，农业保险的长效发展十分重要。但是，目前我国的农业保险分散和控制机制主要是由几家专业性的农业保险机构以及少数国有商业性保险公司承担。

2. 再保险方面

随着市场经济的持续发展，我国的农业发展也开始向技术密集型转变，农业保险的风险更加集中，损失更为严重，因此，可以通过农业保险机构和中国再保险集团之间同业分保。

3. 在农业巨灾保险基金方面

我国目前也正在各地进行农业巨灾风险基金的尝试，与此同时对巨灾风险的准备金制定上限，防止其过度积累。总之，我国仍处于巨灾风险基金使用的初始阶段，很多方面仍需改进。

4. 在巨灾风险证券化方面

我国的农业保险市场存在一个非常大的矛盾就是需求和供给之间无法有效对应，因此，把保险市场上的风险转嫁到了证券市场，但我国当前阶段实行巨灾风险证券化操作性不高。

（五）完善金融业信息共享系统，并促进社会信用体系建立

①我国相关部门应着重发展和完善银行、证券、保险及外汇管理的信用管理体系，加强各行业以及各个部门之间的合作，逐步建立起金融业信息共享系统；②我国社会信用体系的建立需要

政府部门制定相关的政策，同时，搜集和整合相关的信息，从而促进社会信用体系的建立；③各部门、各地区也要积极配合企业和个人的征信体系建设，从而使金融业信息共享系统得到完善，并且能够充分掌握已经整合的信用信息。

第七章　种植业保险

第一节　种植业保险概述

种植业在农业中占有重要的地位，南方以水田为主，北方以旱田为主。由于种植业高度依赖自然条件，因此，也是一个高风险的产业。这种高风险性导致了农民种植的收入极度不稳定，从而影响农民生产的积极性，影响国家粮食供给和粮食安全。近几年全球气候变化剧烈，严重威胁农民的种植活动，影响农民增收。因此，提高农民在风险环境下从事种植生产的能力和积极性就显得尤为重要。近几年来，中央连续出台一号文件和一系列重大强农惠农政策，近两年国家更是出台多项政策扶持种植业的生产和发展，我国经过全面推进种植业结构的优化调整和实施农产品区域布局规划，使种植业生产发展协调性得到增强，主要农产品供给总量基本平衡，农产品质量得以提升。

种植业不仅为人民生活提供必不可少的食物与生活资料，还为轻纺工业、食品工业提供原料，为畜牧业和渔业提供饲料等。种植业占整个农业的比重较大，其产值占农业总产值的 50% 以上，种植业的稳定发展，尤其是粮食作物的生产发展对畜牧业、工业的发展和人民生活水平的提高具有重大意义。

近几年我国自然灾害和生物灾害发生较为频繁，对种植业产生的影响呈加重趋势。每年因干旱、洪涝、台风、低温冻害等气象灾害造成粮食损失、因农作物病虫草害发生造成的产量损失、因生物灾害造成粮食损失达到几千万吨。

一、种植业及其特点

（一）农业生产区域性强

我国幅员辽阔，不同的农作物生产地区存在显著差异。各地在农业结构调整中发挥比较优势，优化农业区域布局，开展专业化分工，主要农产品进一步向优势产区集中，使得农业生产在更大程度上依赖于当地的自然条件，特别是地理和气候条件。

1. 北方地区

有利条件：①夏季气温高，降水多，高温期与多雨期一致，水热配合较好。东北地区冬季积雪厚，夏季日照长；黄河中下游地区秋季晴天多，华北平原地下水丰富。②平原广阔，土层深厚。东北地区，黑土肥沃，人均耕地多，宜农荒地多。③黄河中下游地区农业生产历史悠久。

不利条件：①东北地区生长期短，热量不足，受寒潮影响大；西部风沙威胁大。②黄河中下游地区春旱、夏涝突出；水土流失和土壤盐碱化严重。

2. 南方地区

有利条件：①高温期与多雨期一致，水热资源丰富、配合好（我国台湾、海南、滇南西双版纳是全国水热条件最好的地区）。

江淮地区梅雨适时适量，有利于水稻生长。②长江中下游平原、珠江三角洲地势低平、土壤肥沃，河汊纵横，既便于灌溉，也利于发展淡水养殖；四川盆地紫色土肥沃。③长江流域农业生产历史悠久，生产水平高。

不利条件：①江淮地区伏旱期，气温高，降水减少，蒸发旺盛，易对水稻生产产生影响。南部沿海地区夏秋季台风影响很大。②长江以南地区为红壤分布区，土壤酸性强，土质黏重。③云贵地区喀斯特地貌发育，地表崎岖，土层薄，地表水缺乏。

3. 西北地区

有利条件：①夏季气温高，雨量少，光照强，昼夜温差大。②牧场广大，宜农荒地多。③新疆、河西走廊有冰川融水灌溉，宁夏平原、河套平原有黄河水灌溉。

不利条件：①冬长夏短，寒潮影响大，春季沙尘暴频发。②降水少，蒸发量大，灌溉水源不足。③地表植被差，沙漠化严重，河套平原、宁夏平原盐碱化严重。

4. 青藏地区

有利条件：①太阳辐射强，日照时间长，昼夜温差大，河谷地带（黄河、湟水、雅鲁藏布江）积温较高，有水灌溉。②草场广阔，柴达木盆地宜农荒地多。

不利条件：海拔高，气温低，无霜期短。

（二）小规模经营组织化水平较低

我国种植业生产多为小规模经营，农户风险管理能力较弱。部分农民通过多样化生产经营来增加非农收入，以降低农业生产的各种风险。但这些风险分散方式的缺陷在于，多样化经营是事前管理，只能降低风险发生的概率，但无法对灾后损失给予补偿。另外，多样化生产不能实现规模经济，同时受限于水土、气候等自然因素。而增加非农收入是事后管理，能在一定程度上弥补风险发生的损失结果。

（三）自然资源紧缺

我国虽国土总面积大，但人口基数庞大且持续增加，再加上水资源紧缺，我国人均耕地、淡水、森林等占有量均不到世界平均水平的1/3，且工业化、城镇化进程的加快使人均占地面积少的趋势短期内难以逆转，资源紧缺的矛盾日益突出。我国现有耕地中，中低产田比例较高，存在肥效下降、养分失衡、沙化、盐碱化和耕地污染等问题。我国淡水资源严重匮乏，常年夏季降水量占全年的70%以上，全国81%淡水资源集中分布在仅占全国耕地19%的土地上，每年水旱灾害面积约占耕地面积的1/3。北方地区淡水资源短缺的问题则更加严峻，占全国耕地42%的黄河、淮河、辽河流域淡水占有量只有全国的9%。水资源利用效率较低，只有发达国家的50%。耕地和淡水资源紧缺的矛盾是制约我国种植业发展的重要因素。

二、种植业的主要风险

为保障粮食供给，保障农民的收入水平，需要识别风险，并帮助农户规避和分散风险。我国种植业面临的主要风险大致分为以下几类。

（一）自然风险

种植业生产过程受到自然环境的影响巨大，重大自然灾害不仅影响粮食综合生产能力，还会威胁到粮食安全。这些自然风险大致分为几类：旱灾、水灾、风雹灾害、霜冻灾害、病虫害和火灾等。

旱灾通常引致作物生长缓慢、干枯死亡等，旱灾比较典型的是北方的春旱和长江流域、江南、江淮之间的伏旱。水灾多发于长江中下游及华南地区等，雨水量大以及过度集中易伤害农作物根系，使作物产量增速减缓甚至出现负增长。风雹灾害对夏秋作物和果树伤害较大。风灾主要发生于东南沿海及华北、西北等地，易使作物倒伏、林木断枝，严重的风灾还可能对农用设施造成破坏。霜冻灾害对长江以南地区农作物危害最大，对冬小麦、棉花等造成的伤害尤其大。病虫害种类多，其发生的概率和种类与气候因素相关，同时也影响农作物的抗病能力。火灾主要指收获期火灾，除烧毁农作物外，也会严重破坏生态环境。

（二）价格风险

种植业成本包括种子、化肥、农药等物质投入和人工劳动等，农产品的收购价格决定了这些成本的投入能否收回。由于消费者偏好、相关政策改变等均可能带来市场价格的波动，这些波动带来的不确定性为生产成本收回带来风险。

（三）新技术风险

技术变革带来农业生产量和生产效率的大幅提升，也为传统耕作模式下的农户带来了应用新技术的风险。对于新事物的接受程度决定于农户是否种植新品种、是否选择新型化肥、是否使用新型种植技术和农具等，而农民往往对这些新事物持有怀疑的态度，不确定新技术是否能提高生产量和生产效率，不确定新品种的生产特性和新品种是否能顺利销售，这些对于农民来说都是新技术风险。

三、种植业保险的保险责任和除外责任

（一）种植业保险的保险责任

1. 生长期农作物保险的保险责任

从理论上讲，由气候原因引起的自然灾害和病、虫、草害引起的生物灾害损失都可以作为生长期农作物保险的保险责任，主要有单一风险责任、综合风险责任、一切险责任。

（1）单一风险责任。只承保一种原因所致的单一风险，如棉花雹灾保险，只承保棉花在生长期因雹所造成的损失。

（2）综合风险责任。承保两种及两种以上的风险，但不可能包括所有的风险。如小麦的冰雹、霜冻保险等。

（3）一切险责任。保险合同中只约定保险人的不保风险，除不保风险以外的其他风险所导致的损失均负赔偿责任。

2. 收获期农作物保险的保险责任

（1）单项责任。只承火灾一项责任，如麦场火灾保险等。

（2）综合责任。在单项责任基础上，同时承保其他几项责任，如霉烂、雨淋等所致损失。

（3）相关费用。在发生保险责任范围内的灾害事故时为减少损失而进行的施救、整理费用。

（二）种植业保险的除外责任

在传统型种植业保险中，保险人对于有些风险是不保的，如

被保险人或家庭成员的故意行为、农产品价格下跌造成的损失等。

1. 生长期农作物保险的除外责任

（1）被保险人的故意行为、欺骗行为所致的损失。

（2）间作、套种的非保险标的和毁种复播的农作物的损失。

（3）因盗窃、他人毁坏，或畜、兽、禽啃食所致的损失。

（4）保险责任以外的灾害所致的损失。

2. 收获期农作物保险的除外责任

（1）被保险人及其家庭成员的故意行为所致损失。

（2）保险责任以外的灾害事故以及保管不善所致损失。

（3）场院以外遭受火灾的损失。

（4）违反有关部门的规定而造成的损失。

（5）在公路上碾打造成的损失。

四、种植业保险的保险期限

种植业保险的保险期限根据险种确定。对于生长期农作物保险的保险期限是根据农作物的生长期确定的。不同种类的农作物具有不同的生长期。因此，保险期限也不相同。农作物保险期限一般从作物出土定苗后起保，到成熟收割时截止。如果是分期收获的农作物，如棉花、烟叶等，其保险期限应到收获最后一花（叶）时为止。如水稻保险的保险期限是从移栽成活开始，开镰收割为止；小麦保险的保险期限是从小麦返青期或拔节期开始，小麦成熟收割为止；棉花保险的保险期限是从棉花定苗后开始，摘收完毕为止；烟叶保险的保险期限是从烟叶移栽后长出第一片新叶开始，最后一片有效叶片采摘时为止。收获期农作物保险的保险期限一般从农作物收割（采摘）进入场院后起保，到完成初加工离场入库前终止。

五、种植业保险的保险金额确定

按照种植业保险“低保障、低保额、广覆盖”的经营原则，生长期农作物保险确定保险金额的方法有以下两种。

（一）按生产成本确定保险金额

生产成本包括种子、化肥、农药、人工作业费、机械或畜力作业费、排灌费、田间运输费等费用。对个体种植者来说，保险金额一般仅包括物化成本，不包括人工费，并以物化成本为最高限额。例如，如果水稻的物化成本是每亩400元，那么水稻保险金额最高限额为400元。

（二）按产量确定保险金额

按照此方法确定种植业保险的保险金额，首先要确定种植业保险产量，确定种植业保险产量的一般做法是取最近3~5年农作物产量的平均值，种植业保险产量一般为平均产量的40%~60%。其次确定保险价格，保险价格一般按同类农产品平均收购价或商业合同价确定，最低以国家的粮食保护价为限。保险产量和保险价格的乘积就是保险金额。

需要注意的是，以上的物化成本、保险产量都是保险合同适用地区的平均值，并不是单个种植者的数据。这些平均值都是保险公司和有关部门通过大量调查得来的。

第二节　种植业保险的险种

农业保险制度不仅是农业保障体系中的重要组成部分，而且已成为国际上最重要的非价格农业保护工具之一。在农业保险中，种植业保险占据着非常重要的地位，是农业保险中最重要的保险业务之一。在世界范围内，发达国家的种植业保险都是财政所支持的险种。发达国家多运用种植业保险以实现国民福利增长。我国作为发展中国家，目前开展种植业保险的目的还局限于分散农业风险、提高农民种田积极性以及实现粮食供给安全保障等方面。

种植业保险的保险对象是各种农作物、果树等，种类包含粮食作物保险、经济作物保险、其他作物保险等。

一、粮食作物保险

（一）小麦保险

1. 保险标的

凡在行政区域内种植或负责管理小麦的农户、农民专业合作组织、集体经济组织或农业企业均可作为投保人，将符合下列条件种植的小麦，作为本保险合同的保险标的向保险人投保。

（1）整地块连片种植。

（2）能够清晰确定地块界限、标明具体位置。

（3）符合当地普遍采用的技术管理和规范标准要求。

（4）生长和管理正常。

在保险合同订立时，上述种植者或组织统称为被保险人。投保本保险时，投保人必须将被保险人所有种植小麦的地块全部投保，不得选择性投保。

2. 保险责任

在保险期限内，由于下列原因直接造成保险小麦经济损失，保险人按照本保险合同的约定，对受损小麦投入成本的损失负赔偿责任：冰雹、六级（含）以上风；暴雨；洪水（政府行蓄洪除外）；内涝；穗发芽；火灾；地震；泥石流、山体滑坡。

在保险期限内，由于下列原因直接造成大面积、集中连片的保险小麦经济损失，经农林技术部门和气象部门共同鉴定确认，由专家组出具鉴定意见，损失率达到20%（含）以上，保险人按照本保险合同的约定，对受损小麦投入成本的损失负赔偿责任：严重干旱；持续冻灾；暴发性、流行性病虫害及草鼠害。

3. 责任免除

在保险期限内，由于下列原因之一造成保险小麦遭受损失的，保险人不负赔偿责任：因国家或其他各种形式征用、占用土地；被保险人及其家属、生产管理人员的故意行为或管理不善；盗窃；可通过有效措施防治的常规病虫害、鸟害及施肥不当；其他不属于保险责任范围内的损失。

4. 保险期限

保险责任期限是自保险签单的次日零时起至作物收割完毕时止，或以各区事先约定期限为准。

5. 赔偿处理

（1）赔偿的原则。

第一，因保险责任范围内的事故造成保险小麦的损失，保险人根据小麦不同生长期每亩赔偿标准、损失率及受损面积计算赔偿（表 7-1）。

赔偿金额 = 小麦不同生长期每亩赔偿标准×损失率×受损面积

损失率 = 单位面积植株损失数量/单位面积平均植株数量

表 7-1　小麦不同生长期损失赔偿计算公式

小麦生长期	赔偿金额	
	全部损失（绝产）	部分损失（部分绝产）
返青期	每亩有效保险金额×40%×受损面积	每亩有效保险金额×40%×损失率×受损面积
抽穗期	每亩有效保险金额×60%×受损面积	每亩有效保险金额×60%×损失率×受损面积
灌浆期	每亩有效保险金额×80%×受损面积	每亩有效保险金额×80%×损失率×受损面积
成熟期	每亩有效保险金额×100%×受损面积	每亩有效保险金额×100%×损失率×受损面积

第二，如果发生一次或一次以上赔款时，保险单的有效保险金额（有效保险金额 = 保险金额 - 已付赔款）逐次递减，逐次累计赔款金额以保险单列明的保险金额为上限。

第三，保险合同载明的保险小麦种植面积小于其实际种植面积时，保险人按保险合同载明的保险小麦种植面积与实际种植面积的比例计算赔偿；保险合同载明的保险小麦种植面积大于其实际种植面积时，保险人按实际种植面积计算赔偿。

第四，计算赔款时，对在保险责任列明的灾害发生以前由于其他原因所造成的小麦损失，要按损失情况，从总保险金额中按损失比例剔除。

第五，在发生损失后难以立即确定损失程度的情况下，可实行多次查勘一次定损。

（2）赔偿的内容。

全部损失：即同一地块保险小麦遭受保险责任列明的灾害损失严重，损失率达80%（含）以上，不能恢复生长，失去商品价值，按每亩不同生长期赔偿标准，100%计算赔偿。

公式：

全部损失赔偿金额＝不同生长期每亩赔偿标准×受损面积×100%

部分损失：即同一地块保险小麦遭受保险责任列明的灾害，其中部分损失严重，毁坏部分不能恢复生长，失去商品价值，结合损失率与不同生长期每亩赔偿标准计算赔偿。

轻微损失：即同一地块保险小麦遭受保险责任列明的灾害，仍能继续生长的，损失程度按以下标准确定：①中度损失：茎、叶、生长点、果实都不同程度受损仍能继续生长，在有效保险金额的30%以下赔偿；②轻度损失：个别叶片、果实受损仍能恢复生长，受损程度较轻，酌情每亩在50元以下赔偿。

穗发芽损失：即保险小麦在收获前因连阴雨致使麦穗发芽而形成小麦损失，在每亩有效保险金额的20%以内计算赔偿。

冻灾损失：即保险小麦因遭受持续冻害，致使麦苗停止发育、心叶变黄变干造成死苗而形成小麦损失，结合损失率与每亩有效保险金额计算赔偿。

旱灾损失：即保险小麦因遭受长期自然干旱，致使麦苗异常缺水造成死苗而形成小麦损失，结合损失率与每亩有效保险金额计算赔偿。

病虫草鼠害损失：即保险小麦因遭受暴发性、流行性病虫害及草鼠害，致使小麦植株80%（含）以上的叶片感染或被蚕食，以及植株营养不良或缺苗而形成小麦损失，结合损失率与每亩有效保险金额计算赔偿。

（二）玉米保险

1. 保险标的

凡在行政区域内种植或负责管理玉米的农户、农民专业合作组织、集体经济组织或农业企业均可作为投保人，将符合下列条件种植的玉米，作为本保险合同的保险标的向保险人投保。

（1）整地块连片种植。

（2）能够清晰确定地块界限、标明具体位置。

（3）种植密度为5 000株/亩以下非青贮用途。

（4）符合当地普遍采用的技术管理和规范标准要求。

（5）生长和管理正常。

在保险合同订立时，上述种植者或组织统称为被保险人。投保本保险时，投保人必须将被保险人所有种植玉米的地块全部投保，不得选择性投保。

2. 保险责任

在保险期限内，由于下列原因直接造成保险玉米经济损失，保险人按照本保险合同的约定，对受损玉米投入成本的损失负赔偿责任：冰雹、六级（含）以上风；暴雨；洪水（政府行蓄洪除外）；内涝；火灾；地震；泥石流、山体滑坡。

在保险期限内，由于下列原因直接造成大面积、集中连片的保险玉米经济损失，经农林技术部门和气象部门共同鉴定确认，由专家组出具鉴定意见，损失率达到 20%（含）以上，保险人按照本保险合同的约定，对受损玉米投入成本的损失负赔偿责任：7 月、8 月发生的连续 20 天以上无有效降雨产生的旱灾；持续冻灾；暴发性、流行性病虫害及草鼠害。

3. 责任免除

在保险期限内，由于下列原因之一造成保险玉米遭受损失的，保险人不负赔偿责任：因国家或其他各种形式征用、占用土地；被保险人及其家属、生产管理人员的故意行为或管理不善；盗窃；可通过有效措施防治的常规病虫害、鸟害及施肥不当；其他不属于保险责任范围内的损失。

4. 保险期限

本保险合同的保险责任期限自保险签单的次日零时起至作物收割完毕时止，或以各区事先约定期限为准。

5. 赔偿处理

(1) 赔偿的原则。

第一，保险玉米发生保险责任范围内的损失，保险人根据玉米不同生长期每亩赔偿标准、损失率及受损面积计算赔偿（表 7-2）。

赔偿金额 = 不同生长期每亩赔偿标准×损失率×受损面积

损失率 = 单位面积植株损失数量/单位面积平均植株数量

表 7-2　玉米不同生长期损失赔偿计算公式

玉米生长期	赔偿金额	
	全部损失（绝产）	部分损失（部分绝产）
苗期—拔节期（含）	每亩有效保险金额×40%×受损面积	每亩有效保险金额×40%×损失率×受损面积

（续表）

玉米生长期	赔偿金额	
	全部损失（绝产）	部分损失（部分绝产）
拔节期—灌浆期（含）	每亩有效保险金额×70%×受损面积	每亩有效保险金额×70%×损失率×受损面积
灌浆期—成熟期	每亩有效保险金额×100%×受损面积	每亩有效保险金额×100%×损失率×受损面积

第二，如果发生一次或一次以上赔款时，保险单的有效保险金额（有效保险金额=保险金额-已付赔款）逐次递减，逐次累计赔款金额以保险单列明的保险金额为上限。

第三，保险合同载明的保险玉米种植面积小于其实际种植面积时，保险人按保险合同载明的保险玉米种植面积与实际种植面积的比例计算赔偿；保险合同载明的保险玉米种植面积大于其实际种植面积时，保险人按实际种植面积计算赔偿。

第四，计算赔款时，对在保险责任列明的灾害发生以前由于其他原因所造成的玉米损失，要按损失情况，从总保险金额中按损失比例剔除。

第五，在发生损失后难以立即确定损失程度的情况下，可实行多次查勘一次定损。

（2）赔偿的内容。

全部损失：即同一地块保险玉米遭受保险责任列明的灾害损失严重。冰雹造成叶片形成抽条，雹痕明显；火灾造成作物的直接烧毁；六级（含）以上风灾造成玉米茎秆折断后倒伏；暴雨造成洪涝后，浸泡 3 天以上的地块；泥石流、山体滑坡造成作物的直接损失。以上保险责任列明的灾害造成保险玉米损失率达

80%（含）以上的，不能恢复生长，失去商品价值，按每亩不同生长期赔偿标准的 100%计算赔偿。

公式：

全部损失赔偿金额＝不同生长期每亩赔偿标准×受损面积

部分损失：即同一地块保险玉米遭受保险责任列明的灾害，其中部分损失严重。冰雹造成叶片形成抽条，雹痕明显；火灾造成作物的直接烧毁；六级（含）以上风灾造成玉米茎秆折断后倒伏；暴雨造成洪涝后，浸泡 3 天以上的地块；泥石流、山体滑坡造成作物的直接损失。以上保险责任列明的灾害造成保险玉米部分毁坏，不能恢复生长，失去商品价值，结合损失率与不同生长期每亩赔偿标准计算赔偿。

轻微损失：即同一地块保险玉米遭受保险责任列明的灾害，仍能继续生长的，损失程度按以下标准确定。①中度损失：茎、叶、生长点、果实都不同程度受损仍能继续生长，在有效保险金额的 30%以下赔偿；②轻度损失：个别叶片、果实受损仍能恢复生长，受损程度较轻，酌情每亩在 50 元以下赔偿。

冻灾损失：即保险玉米因遭受持续冻害，致使玉米植株冰冻或丧失一切生理活力而形成玉米损失，结合损失率与每亩有效保险金额计算赔偿。

旱灾损失：即保险玉米因 7 月、8 月发生的连续 20 天以上无有效降雨产生的旱灾，致使玉米植株 80%（含）以上的叶片或棒三叶干枯而形成玉米损失，结合损失率与每亩有效保险金额计算赔偿。

病虫草鼠害损失：即保险玉米因遭受暴发性、流行性病虫害以及草鼠害，致使玉米植株 80%（含）以上的叶片感染或被蚕食以及植株营养不良或缺苗而形成玉米损失，结合损失率与每亩有效保险金额计算赔偿。

二、经济作物保险

经济作物是相对于粮食作物而言的，是指其收获物主要作为加工原料的作物。经济作物是农户的主要收入来源之一。但是一般来说，经济作物生产的成本高、技术复杂，其风险较高，所以对保险的需求日益增加。

经济作物保险主要包括纤维作物保险、油料作物保险、糖类作物保险、原料作物保险、药用作物保险、其他经济作物保险。

1. 保险标的

不同地区对投保经济作物有不同要求。凡在行政区域内种植或负责管理经济作物的农户、农民专业合作组织、集体经济组织、种植大户、家庭农场、农业龙头企业均可作为投保人。我国农业保险的投保人和被保险人是一个主体。投保人所种植的经济作物只要符合下列两个条件，就可以向保险人投保。

（1）符合当地普遍采用的种植规范标准和技术管理要求。

（2）生长正常，投保的经济作物生长状况没有受到任何损坏，其生长环境没有受到破坏。

投保人应将其符合上述投保条件的经济作物全部投保。但对同一地域的经济作物拥有不同权利的人不得为同一地域的经济作物重复投保。

2. 保险责任

在保险期间内，由暴雨、洪水（政府行蓄洪除外）、内涝、风灾、雹灾、冻灾、旱灾、地震等自然灾害，泥石流、山体滑坡等意外事故，病、虫、草、鼠害等原因直接造成保险经济作物的损失，损失率达到30%以上的，保险人按照保险合同的约定负责赔偿。

3. 责任免除

在保险期间内，保险人对以下风险造成的经济作物损失不予赔偿：由投保人及其家庭成员、被保险人及其家庭成员、投保人或被保险人雇佣人员的故意行为、管理不善；行政行为或司法行为；农药残留、施肥、用药不当；种植假种子或劣质种子，等等。

除此之外，发生保险责任范围内的损失后，被保险人未及时通知保险人自行毁掉或放弃保险经济作物种植或改种其他作物的，以及其他不属于本保险责任范围内的损失、费用，保险人也不负责赔偿。

4. 保险期限

保险期限自保险经济作物苗齐后起，至成熟开始收获时止，具体以保险单载明的保险期限为准。

5. 赔偿处理

经济作物由冰雹、洪水、内涝、暴风、龙卷风、台风、霜冻等原因直接造成的损失，在保险理赔过程中，首先要确定受灾情况。受灾分为绝产损失和部分损失。

（1）绝产损失。保险经济作物在生长周期内成灾损失程度（率）达到80%（含）以上为绝产损失，保险人按下列方式赔偿（表7-3）。

赔款金额=每亩保险金额×成灾面积×不同生长期赔偿比例

表 7-3 经济作物不同生长期赔偿比例标准

生长期	不同生长期赔偿比例（%）
苗期	40
生长中期	70
生长后期	100

（2）部分损失。保险经济作物在生长期内损失程度（率）达到30%以上时保险人在勘察现场后做好记录，待经济作物成熟后根据实测亩平均产量确定损失率，并按下列方式赔偿：

赔偿金额=每亩保险金额×损失率×成灾面积

损失率（%）=1-实测亩产量/标准亩产量×100

标准亩产量以承保农场管理区前5年经济作物单位面积产量为依据，结合地理条件、耕作方式、历史受灾情况确定，并在保险单中载明。

三、其他作物保险

其他作物保险主要包括蔬菜作物保险、饲料作物保险、塑料大棚蔬菜种植保险、水果保险和果树保险。下面主要介绍西瓜保险。

1. 保险标的

凡在行政区域内种植或负责管理西瓜的农户、农民专业合作组织、集体经济组织或农业企业均可作为投保人，将符合下列条件种植的西瓜，作为本保险合同的保险标的向保险人投保。

（1）整地块连片种植。

（2）能够清晰确定地块界限、标明具体位置。

（3）符合当地普遍采用的技术管理和规范标准要求。

（4）生长和管理正常。

在保险合同订立时，上述种植者或组织统称为被保险人。投保本保险时，投保人必须将被保险人所有种植西瓜的地块全部投保，不得选择性投保。

2. 保险责任

在保险期限内，由于下列原因直接造成保险西瓜经济损失，保险人按照本保险合同的约定，对受损西瓜投入成本的损失负赔偿责任：冰雹；暴雨形成的洪涝；泥石流、山体滑坡。

在保险期限内，由于暴发性、流行性病虫害原因直接造成大面积、集中连片的保险西瓜经济损失，经农林技术部门和气象部门共同鉴定确认，由专家组出具鉴定意见，损失率达到 50%（含）以上，保险人按照本保险合同约定，对受损西瓜的投入成本的损失负赔偿责任。

3. 责任免除

在保险期限内，由于下列原因之一造成保险西瓜遭受损失的，保险人不负赔偿责任：因国家或其他各种形式征用、占用土地；被保险人及其家属、生产管理人员的故意行为或管理不善；盗窃；可通过有效措施防治的常规病虫害、鸟害及施肥（药）不当；其他不属于保险责任范围内的损失。

4. 保险期限

保险责任期限是自保险西瓜坐果投保后的 5 月 1 日零时起至

7 月 16 日 24 时止，或以各区事先约定期限为准。保险责任期限以保险单载明的起讫时间为准。

5. 赔偿处理

（1）赔偿的原则。

第一，因保险责任范围内的事故造成保险西瓜受损，不能继续生长，并失去市场价值，保险人根据西瓜出险日期赔偿限额、损失率及受损面积计算赔偿。

第二，如果发生一次以上赔款时，保险单的有效保险金额（有效保险金额=保险金额-已付赔款）逐次递减，逐次累计赔款金额以保险单列明的保险金额为上限。

第三，保险合同载明的保险西瓜种植面积小于其实际种植面积时，保险人按保险合同载明的保险西瓜种植面积与实际种植面积的比例计算赔偿；保险合同载明的保险西瓜种植面积大于其实际种植面积时，保险人按实际种植面积计算赔偿。

第四，计算赔款时，对在保险责任范围内的事故发生以前由于其他原因所造成的西瓜损失，要按损失情况，从总保险金额中按损失比例剔除。

第五，在发生损失后难以立即确定损失程度的情况下，可实行多次查勘一次定损。

注：若发生两次出险日期跨“出险日期亩赔偿限额表”（表 7-4）中的两个阶段，且在第二次出险时，第一次出险因客观原因尚未完成查勘定损的，赔偿限额按第二次出险日期所在的阶段进行确定。

（2）赔偿计算。

赔付金额=（亩保险金额-亩已付赔款）/亩保险金额×出险日期亩赔偿限额×损失率×损失面积

表 7-4 西瓜亩赔偿限额

时间	5月1日—5月7日	5月8日—5月14日	5月15日—5月21日	5月22日—5月28日	5月29日—6月4日	6月5日—7月16日
亩赔偿限额（元/亩）	980	1 160	1 160	1 330	1 330	1 500

第一，已采摘部分西瓜的瓜园，在计算赔款时按照采摘部分占保险金额的比例相应扣除。已采摘90%到完毕的瓜园，保险人不再承担保险责任。

第二，因第三者责任导致保险事故发生的，保险人自向被保险人支付赔款之日起，在赔偿金额范围内代位行使被保险人对第三者请求赔偿的权利。如被保险人已经从第三者取得赔偿的，保险人可以相应扣减被保险人从第三者已取得的赔偿金额。

第三，保险事故发生后，保险人未支付赔款之前，被保险人放弃对第三者请求赔偿的权利的，保险人不承担赔偿责任。被保险人故意或者因重大过失致使保险人不能行使代位请求赔偿的权利的，保险人可以扣减或者要求返还相应的赔款。

第四，未发生保险事故，被保险人谎称发生了保险事故，向保险人提出赔偿请求的，保险人有权解除合同，并不退还保险费。投保人、被保险人故意制造保险事故的，保险人有权解除合同，不承担赔偿责任，并不退还保险费。保险事故发生后，投保人、被保险人以伪造、编造的有关证明、资料或者其他证据，编造虚假事故原因或者夸大损失程度的，保险人对其虚报的部分不承担赔偿责任。

投保人、被保险人有上述行为之一，致使保险人支付赔款的，应当予以退回或者赔偿，其行为将被纳入个人信用不良记录，并影响其享受相关惠农政策；情节严重者，保险人有权依法追究其法律责任。

第三节　种植业的投保事项

一、明确保险的标的

农户、农民专业合作组织、集体经济组织或农业企业均可作为投保人。在保险合同订立时，上述种植者或者组织统称为被保险人。投保人必须将被保险人所有种植投保作物的地块全部投保，不得选择性投保。保险标的须符合下列条件：①种植地块应整地连片种植，且能够清晰确定地块界限或标明具体位置；②种植地块应位于当地洪水警戒水位线以上的蓄洪区、非行洪区、非泄洪区；③种植符合当地普遍采用的技术管理和规范标准要求，且生长和管理正常；④品种是经过当地推广成熟的优势高产品种。

二、了解保险责任及责任免除

在保险期限内，保险人按照保险合同的约定，对由于下列原因直接造成的作物经济损失负赔偿责任：①冰雹、0℃（不含）以下持续冻灾、六级（含）以上风；②暴雨形成的洪涝；③泥石流、山体滑坡；④暴发性、流行性病虫害；⑤火灾。

在保险期限内，由于下列原因之一造成中药材遭受损失的，保险人不负赔偿责任：①投保人及其家庭成员、被保险人及其家庭成员、投保人或被保险人雇佣人员的故意行为、管理不善；②行政行为或司法行为；③战争、敌对行动、军事行动、武装冲突、罢工、骚乱、暴动、恐怖主义活动；④水污染、大气污染、核反应、核辐射和放射性污染；⑤地震及其次生灾害；⑥被盗、他人故意破坏行为；⑦其他不属于保险合同责任范围内的损失、费用，保险人也不负责赔偿。

三、履行投保人和保险人的标的

被保险人通过虚构投保关系或者伪造、变造、提供虚假证明获取参保资格的，保险人有权解除合同。投保人故意或者因重大过失未履行如实告知义务，足以影响保险人决定是否同意承保或者提高保险费率的，保险人有权解除合同。投保人故意不履行如实告知义务的，保险人对于合同解除前发生的保险事故，不承担赔偿责任，并不退还保险费。投保人因重大过失未履行如实告知义务，对保险事故的发生有严重影响的，保险人对于合同解除前发生的保险事故，不承担赔偿责任，但应当退还保险费。

保险标的发生保险责任范围内的损失后，被保险人应在 24

小时内报案，同时积极采取施救措施，防止损失进一步扩大。因被保险人故意或重大过失未及时通知保险人，致使保险事故的性质、原因、损失程度等难以确定的，保险人对无法确定的部分，不承担赔偿责任。

四、清楚赔偿处理流程

在发生损失后难以立即确定损失程度的情况下，可实行多次查勘一次定损。遭受冻灾一个月后进行二次查勘定损，并经农林技术部门共同确定最终损失。保险标的发生保险责任范围内的事故后，如果有残余价值，应由保险双方协商确定其金额，并在核定实际损失时作相应扣除。如果发生一次或一次以上赔款时，保险单的有效保险金额（有效保险金额=保险金额-已付赔款）逐次递减，逐次累计赔款金额以保险单列明的保险金额为上限。

第八章　畜牧业保险

第一节　畜牧业保险概述

畜牧业是农业的重要组成部分，畜牧业的健康稳定发展关系国家粮食安全和社会的稳定。畜牧业的发展面临很多的风险，畜牧业保险能为畜牧业的发展保驾护航。

一、畜牧业及其特点

1. 畜牧业的概念

畜牧业是利用畜禽等已经被人类驯化的动物，或者鹿、麝、狐、貂、水獭、鹌鹑等野生动物的生理机能，通过人工饲养、繁殖，使其将牧草和饲料等植物能转变为动物能，以取得肉、蛋、奶、羊毛、山羊绒、皮张、蚕丝和药材等畜产品的生产部门。

2. 畜牧业的作用

畜牧业是农业的组成部分之一，与种植业并列为农业生产的两大支柱。畜牧业在国民经济中有着重要的地位和作用，主要是：①提供肉、奶、蛋类等动物性食品；②为工业提供羊毛、山羊绒、皮、鬃、兽骨、肠衣等原料；③通过畜产品出口取得外汇；④促进畜牧业投入品工业和畜产品加工业的发展，增加劳动就业机会；⑤为农作物生产提供有机肥料；⑥增加农民收入；⑦为农业和交通运输业提供畜力；⑧促进广大牧区的经济和文化发展，加强各民族间的团结。

3. 畜牧业的主要特点

（1）它的扩大再生产同各类畜禽内部的公畜、母畜、仔畜、幼畜的比例有十分密切的关系。因此，保持合理的畜群结构，对加快畜牧业的发展十分重要。

（2）饲料是畜牧业的基础，只有不断解决好饲料问题，才能加快畜牧业发展。

（3）畜牧业的商品性很高，产品又不便于运输而且易于腐坏。因此，要求收购、加工、储藏、运输等方面密切配合。

（4）畜牧业对于自然条件和经济条件有较强的适应性，既可以放牧，又可以舍饲。由于存在这些特点和要求，因此，发展畜牧业必须根据各地的自然经济条件，因地制宜，发挥优势。

二、畜牧业的主要风险

1. 自然风险

畜牧生产过程对自然环境的依赖性比较大。虽然科技发展较快，生产水平不断提高，人工控制能力增加，但是依旧无法摆脱自然环境的影响，例如，自然生活条件、饲料的环境（草原的环境影响饲料草的质量）、饲养所需水资源的状况等。2020 年 8 月，四川乐山岷江流域迎来了入汛以来第一次洪峰过境。这次洪水灾害很多养殖户受到了不同程度的影响。其中一家养鸡场，鸡的尸体堆成了小山，损失100多万元。

2. 疫病严重

高危疫病和可能新出现的疫病是畜牧业发展面临的最大威胁。有时候即使自家的畜禽并未受到感染，外围的影响仍不可避免。禽流感对国内禽肉消费和进出口都产生了重大影响，再加上活禽养殖所受到的影响，禽流感对国内畜牧业的影响巨大。主要表现在如下几个方面：一是疫区从事养殖业的农民因家禽被扑杀而遭受的直接损失；二是因家禽、禽蛋销售受阻而遭受的损失；三是相关产业如家禽加工业、饲料产业受此影响而造成的损失；四是农民或养殖企业的金融信贷所遭受的利息损失。虽然事后国家会给予一定的补贴，但与市场价值相比还远远不够。除此之外，还有猪流感、口蹄疫等都对畜牧业发展造成很大的冲击。

3. 市场风险

畜产品的供求和价格变化在一定程度上决定着畜牧业经营的成败。畜产品缺乏供给和需求弹性，难以通过自身机制来实现供求平衡，极易造成价格波动，这就加大了畜禽产品的市场风险。一方面，养殖业周期长对市场的反应显得滞后。畜产品从生产到销售的时间跨度大，如蛋鸡从雏鸡到产蛋需要约150天，其中还不包括种鸡生产，奶牛从犊牛到产奶需要大约25个月，较长的养殖周期使生产者不能依据市场变化及时迅速作出反应。另一方面，畜产品大多不易储存、运输，即使能储存运输费用也很高、损耗也很大。

三、畜牧业保险的保险责任

畜牧业相比种植业而言，无论是生产性风险还是道德风险都要大得多。这是由畜产品的生长发育规律和畜牧业驯养技术所决定的。例如，畜牧标的的疫病会有潜伏期、被保险人饲养技术存在缺陷等。同时，畜牧标的的个体经济价值较高，一旦遭遇事故，给养殖户造成的损失较大。例如，一头奶牛的市场价格在6 000~10 000元，一头猪出栏时的市场价格在1 000元左右，一旦损失，对养殖户而言，是很大的。

畜牧业保险在保单设计过程中，依据畜牧业的风险类型及特征，主要规定的保险责任有暴雨、洪水（政府行蓄洪除外）、风灾、雷击、地震、冰雹、冻灾等自然灾害，泥石流、山体滑坡、火灾、爆炸、建筑物倒塌、空中运行物体坠落等意外事故，以及重大疫病、胎产、阉割所致牲畜死亡。但是因被盗、走失和饲养人员的故意行为所致的牲畜死亡等风险责任均被列为除外责任。

四、畜牧业保险的保险期限

1. 牲畜保险的保险期限

牲畜保险期限一般为一年，也有半年期的。为了适应实际需要，期限的规定也不尽相同。牲畜保险期一经确定，不得随意变更，如有特殊原因，被保险人应通知保险人批改保险单，对保险单已生效期间的保险费，应按照短期费率计收或退费。为了防止不符合承保条件的牲畜保进来，应对续保的牲畜进行逐头检验和审验。

2. 家禽保险的保险期限

家禽保险的保险期限主要根据其饲养周期确定。在饲养周期不超过一年的情况下，按饲养周期确定；若饲养周期超过一年，一般按年限（一年）确定。具体情况视家禽的种类而定。

五、畜牧业保险的保险金额

目前在我国，畜牧业保险一般采取的是成本保险，保险金额一般由幼崽费和饲料费构成。保险金额的计算公式可以简单地表示为：

保险金额=幼崽费+每日饲料费×保险天数

但是有的畜产品，如能繁母猪保险的保险母猪则是一个固定的数额，这要依据不同的畜产品而定。

第二节　畜牧业保险的险种

一、能繁母猪养殖保险

1. 保险标的

凡在行政区域内养殖能繁母猪的农户、农民专业合作组织或养殖企业均可作为投保人，将符合下列条件饲养的能繁母猪或负责管理的猪场饲养的能繁母猪，作为本保险合同的保险标的向保险人投保。

（1）符合本市产业发展规划和布局。

（2）在当地畜牧兽医管理部门进行养殖备案，并取得相应养殖代码的养猪场（户），自有能繁母猪存栏量在30头（含）以上的养殖户。

（3）能繁母猪养殖场地及设施符合动物防疫要求，饲养管理规范，按免疫程序预防免疫，且有免疫记录。

（4）能繁母猪体重在 100 千克以上（特殊品种除外）。

（5）能繁母猪是指已经达到配种年龄并能进行繁殖的经产母猪。

（6）后备转能繁的母猪以及外购的能繁母猪可以加保。

（7）承保标的不得属于畜禽养殖禁养区范围内。

在保险合同订立时，上述养殖者或组织统称为被保险人。投保本保险时，投保人必须将被保险人所有符合以上投保条件的能繁母猪全部投保，不得选择性投保。被保险人投保的能繁母猪数量须以当地畜牧兽医管理部门开具的能繁母猪数量证明中存栏数量为准，且投保的能繁母猪均须具有耳号标识。

2. 保险责任

在保险期限内，由于下列原因之一造成保险能繁母猪在保险单载明地址的固定圈舍内死亡的，保险人负赔偿责任：自然灾害：台风、龙卷风、风灾、暴雨、雷击、地震、冰雹、冻害、洪涝（政府行蓄洪除外）；意外事故：泥石流、山体滑坡、火灾、爆炸、建筑物倒塌、空中运行物体坠落；疾病：二三类病害（如猪丹毒）、败血症、猪肺炎、流行性腹泻、猪瘟、大肠杆菌病、免疫副反应（中暑、中毒除外）；难产；不限于疾病和疫病；按照国家有关规定，经畜牧兽医行政管理部门确认为发生疫情，并且经区（县）级以上政府下封锁令，对于扑杀的能繁母猪，保险人依据本保险条款约定给予部分赔偿。

3. 责任免除

在保险期限内，由于下列原因之一造成保险能繁母猪遭受损失的，保险人不负赔偿责任：被保险人及其饲养管理人员管理不善或故意行为造成死亡的；未按强制免疫程序及时接种疫苗的；或发病后不及时治疗；或发生疫情后不向防疫部门报告；或发生保险责任范围内事故后不采取保护与施救措施所造成的损失；摔跌、互斗、被盗、跑失、中毒、他人投毒及正常的淘汰、屠宰造成的损失；胎产致残失去繁殖能力的；在观察期内发生保险责任范围内事故的；其他不属于保险责任范围内的损失。

4. 保险期限及观察期

保险责任期限为一年，以保险单载明的保险起讫时间为准；购入或后备转为能繁母猪加保，并总养殖规模增加的，根据实际的增加数量确定加保保险费。

加保保险费=每头年保险费/全年天数×未到期加保天数×新增能繁母猪头数

保险期限内设立观察期，观察期为保险单载明的保险起期顺延 7 天，在观察期内发生保险事故，保险人不负责赔偿，但可退还相应保险费。保险期满检疫合格的续保能繁母猪，可以免除观察期。

5. 赔偿处理

（1）发生保险责任范围内的事故，造成保险能繁母猪死亡的，根据实际情况按每头保险金额的 100%进行赔偿。

每头赔偿金额=3 000×100%=3 000 元

（2）按照国家有关规定，经畜牧兽医行政管理部门确认为发生疫情，并且经区（县）级以上政府下封锁令，对于扑杀的能繁母猪，保险人按照国家规定的扑杀定价，按比例给予被保险人赔偿：其中市级财政补偿40%，区（县）级财政补偿40%，保险人补偿20%。

（3）由于保险责任范围内的事故导致部分保险能繁母猪死亡，经保险人赔偿后，保险合同继续有效，但保险标的数量、有效保险金额（有效保险金额=保险金额-已付赔款）逐次递减，累计赔偿金额不得超过保险单列明的保险金额。

（4）因第三者责任导致保险事故发生的，保险人自向被保险人支付赔款之日起，在赔偿金额范围内代位行使被保险人对第三者请求赔偿的权利。如被保险人已经从第三者取得赔偿的，保险人可以相应扣减被保险人从第三者已取得的赔偿金额。

（5）保险事故发生后，保险人未支付赔款之前，被保险人放弃对第三者请求赔偿的权利的，保险人不承担赔偿责任。被保险人故意或者因重大过失致使保险人不能行使代位请求赔偿权利的，保险人可以扣减或者要求返还相应的赔款。

二、奶牛养殖保险

1. 保险标的

凡在行政区域内养殖奶牛的农户、农民专业合作组织或养殖企业均可作为投保人，将符合下列条件饲养的奶牛，作为本保险合同的保险标的向保险人投保。

（1）符合本行政区域的产业发展规划和布局。

（2）奶牛养殖场地及设施符合动物防疫要求，饲养管理规范，有正常产奶能力，按免疫程序预防免疫，有免疫记录，且有畜牧兽医管理部门出具的健康检疫证明。

（3）奶牛存栏量在 100 头（含）以上。

（4）饲养的奶牛均须佩戴耳号标识。

（5）承保标的不得属于畜禽养殖禁养区范围内。

在保险合同订立时，上述养殖者或组织统称为被保险人。投保保险时，投保人必须将被保险人所有符合以上投保条件的奶牛全部投保，不得选择性投保。并且，投保的奶牛须按照耳标号投保，投保数量以当地畜牧兽医管理部门开具的数量证明为准。

2. 保险责任

在保险期限内，由于下列原因之一造成保险奶牛在保险单载明地址的固定圈舍内死亡或伤残，经畜牧兽医鉴定失去产奶能力的，保险人负赔偿责任。自然灾害：台风、龙卷风、风灾、暴雨、雷击、地震、冰雹、冻害、洪涝（政府行蓄洪除外）；意外事故：泥石流、山体滑坡、火灾、爆炸、触电、溺水、野生动物侵害、建筑物倒塌、空中运行物体坠落；难产 48 小时内死亡、胎产造成子宫受伤所致伤残失去繁殖能力、产后瘫痪；病毒性传染病、细菌性传染病、寄生虫性传染病和代谢性疾病造成死亡；不限于疾病和疫病；按照国家有关规定，经畜牧兽医行政管理部门确认为发生疫情，并且经区（县）级以上政府下封锁令，对于扑杀的奶牛，保险人依据约定给予部分赔偿。

3. 责任免除

在保险期限内，由于下列原因之一造成保险奶牛遭受损失的，保险人不负赔偿责任：被保险人及其饲养管理人员管理不善或故意行为造成死亡的；未按强制免疫程序及时接种疫苗；或发病后不及时治疗；或发生疫情后不向防疫部门报告；或发生保险责任范围内事故后不采取保护与施救措施造成的损失；新购入或新增加的奶牛未办理加保手续的；摔跌、互斗、被盗、跑失、中毒、他人投毒及正常的淘汰、屠宰造成的损失；在观察期内发生保险责任范围内事故的；其他不属于保险责任范围内的损失。

4. 保险金额

每头保险金额按照投保牛龄及胎次划分为以下两档，保险费率 6%，每头保险费按相应档次的保险金额标准计收（表 8-1）。

表 8-1　奶牛保费比例

年龄及胎次	保险金额（元/头）	费率	保险费					
				总保险费（元）	中央级补贴（元）	市级补贴（元）	区级补贴（元）	农户交纳（元）
6~18 个月（含）	10 000	6%	比例	100%	40%	20%	不低于 10%	
第六至第七胎次			金额	600	240	120		
19 个月至第五胎次	12 000		比例	100%	40%	20%	不低于 10%	
			金额	720	288	144		

新购入或新增加的奶牛加保时，根据加保奶牛的牛龄及胎次确定的保险金额计算加保保险费。

加保保险费 = 每头年保险费/全年天数×未到期加保天数×新增奶牛头数

5. 保险期限及观察期

保险责任期限为一年，以保险单载明的保险起讫时间为准。保险期限内设立观察期，观察期为保险单载明的保险起期顺延 7

天，在观察期内发生保险事故，保险人不负责赔偿，但可退还相应保险费。保险期满检疫合格的续保奶牛，可以免除观察期。

6. 赔偿处理

发生保险责任范围内的事故，造成保险奶牛死亡或伤残的，按照以下标准进行赔偿。

（1）因保险责任范围内的事故造成保险奶牛死亡的，按相应档次保险金额的100%赔偿。

公式：

每头赔偿金额=保险金额/头×100%

（2）因胎产造成子宫受伤所致伤残失去繁殖能力或产后瘫痪的，赔偿方式为：

奶牛投保金额为10 000 元/头，每头赔偿金额为5 000元。

奶牛投保金额为12 000 元/头，每头赔偿金额为6 000元。

（3）出售、转送他人的奶牛，自离开保险单载明地址的固定饲养场地后，保险责任即时终止。

（4）按照国家有关规定，经畜牧兽医行政管理部门确认为发生疫情，并且经区（县）级以上政府下封锁令，对于扑杀的奶牛，保险人按照国家规定的扑杀定价，按比例给予被保险人赔偿：其中市级财政补偿40%，区（县）级财政补偿40%，保险人补偿20%。

（5）由于保险责任范围内的事故导致部分保险奶牛死亡，经保险人赔偿后，保险合同继续有效，但保险标的数量、有效保险金额（有效保险金额=保险金额-已付赔款）逐次递减，累计赔偿金额不得超过保险单列明的保险金额。

(6) 因第三者责任导致保险事故发生的，保险人自向被保险人支付赔款之日起，在赔偿金额范围内代位行使被保险人对第三者请求赔偿的权利。如被保险人已经从第三者取得赔偿的，保险人可以相应扣减被保险人从第三者已取得的赔偿金额。

(7) 保险事故发生后，保险人未支付赔款之前，被保险人放弃对第三者请求赔偿权利的，保险人不承担赔偿责任。被保险人故意或者因重大过失致使保险人不能行使代位请求赔偿权利的，保险人可以扣减或者要求返还相应的赔款。

第三节　畜牧业的投保事项

一、严格把好投保数量、质量关

由于牲畜的投保率并未达到100%，容易出现骗保现象，以未投保的牲畜替代已投保的以求获得赔偿，因此，承保人在投保签约前要对其严格把关，进行细致的健康检查并做好记录，确保其符合投保条件，同时做好标记。在进行赔偿的时候，逐一对出险牲畜进行拍照留存图片，同时与投保档案进行对比核实，进而落实赔偿事宜。

二、诚信投保，防范道德风险

从猪、奶牛的保险实践可以看出，畜牧业保险存在一些道德风险，即“不保不死，一保就死”的现象。由于保险公司很难确定牲畜的死亡原因是否在保险责任范围内，容易引发农民以次充好进行投保，或者在畜产品市场价格波动的情况下，杀死牲畜骗保，降低经济损失，进而引发道德风险，影响保险公司的承保积极性。因此，投保主体在投保畜牧保险时，一定要恪守诚信原则，严格履行投保义务。

三、尝试开展市场保险品种创新

鼓励和支持保险公司积极开发畜牧业保险市场，发展多种形式、多种渠道的畜牧业保险，加快畜牧业政策性保险试点工作，探索建立适合不同地区、不同畜禽品种的政策性保险制度，可以生猪为试验对象，探索建立生猪价格保险制度，增强畜牧业抵御市场风险、疫病风险和自然灾害的能力。

第九章　渔业保险

第一节　渔业保险概述

渔业是中国国民经济中一个重要的组成部分，中国是世界上最大的渔业生产国。渔业对于我国农村发展和提高农民收入有着至关重要的作用，它对我国的粮食安全具有重要的影响，渔业也是我国出口创汇的一个重要渠道。此外，合理发展渔业还对生物多样性有着重要意义。

一、渔业及其特点

渔业是以水体为依托，利用水生生物有机体与自身生产量的增长，获取水产品的生产行业，渔业生产是由水生生物有机体、自然环境和人类劳动 3 种基本因素共同作用的过程。渔业有 4 个主要特点。

1. 对水域环境和资源状况的高度依赖性

渔业分为水产养殖业和水产捕捞业两部分。水产养殖业利用湖泊、水库、浅海、滩涂、池塘、港湾等水域进行动植物养殖，获取水产品。水产捕捞业利用工具捕捞野生的动植物。风暴潮、赤潮、病害、排海污水、外来物种入侵等自然和人类活动会直接给养殖业造成影响；环境污染、气候异常和过度捕捞而导致的渔业资源衰退直接制约着捕捞业的可持续发展。因此，渔业对环境和资源状况有着高度依赖性。

2. 水体的隐蔽性和资源的时空变动性

在自然水体中，由于水的物质组成（无机物、有机物和生物）复杂，这些物质的性质和含量又处于一系列变化中，加之水自身的理化特性，使水的透明度相对较低，绝大多数养殖水体的透明度更低。由于养殖对象生活在水中，致使掌握其生长动态过程比较困难。养殖对象一旦得病，很难及时发现和正确诊断。逐一进行针剂注射在实际操作中不可能实现，药饵投喂和药物遍洒也很难达到理想的治疗效果。由于渔业资源是生命有机体，生活在水中的渔业资源有时会发生空间变动，资源数量受其生物学特性、生活环境等因素的制约，栖息场所随季节变动、种群所处的生活阶段不同而不断变化。因此，对一些渔业资源状况很难准确掌握。

3. 生产的季节性

温度直接影响水产养殖品种的体温，体温高低决定了养殖品种繁殖和生长发育的速度。养殖的鱼、虾、蟹、贝类等都是变温动物，其机体的新陈代谢强度受温度的影响非常大。自然温度的变化引起养殖品种生长加强和减缓的交替，导致了养殖品种具有季节性的产卵、索饵、越冬的集群特性。海域有台风和季风等因素，因而捕捞也存在着生产季节性问题。

4. 鲜活水产品的易腐性

水产品体内酶的适温性低、活性强，体表的黏液易感染细菌，机体的高含水量是细菌繁殖和生长的良好条件，且肌肉组织结构疏松，细菌很容易侵入。因此，水产品一旦死亡，肌体组织内的酶将蛋白质分解成氨基酸，并逐渐变软产生自溶，细菌在自溶作用下迅速大量繁殖，所以水产品比其他大多数动物更容易腐败。

此外，与种植业、养殖业和林业显著不同的是，渔业还具有很强的政治特性和国际特性。渔船航行作业在领海上，是对国家主权——海洋领土、海洋权益、海洋资源、海洋通道的维护；悬挂五星红旗的渔船也是国家的流动国土。在国际共用水域作业，必须遵守双边渔业协定；在公海作业，要遵守国际公约；在他国水域作业，需要遵守所在国的法律法规；在外国港口停泊，要遵守港口国管理制度（PSC）；国际渔业纠纷实际上就是渔业外交，纠纷处理不当极易酿成政治问题。

二、渔业的主要风险

渔业风险是指在渔业生产经营过程中，由于事先无法预料各种因素影响，生产经营者的实际收益与预期收益发生背离的可能性。渔业是一个高投入、高风险的产业，各种不确定因素经常给生产经营者带来重大损失。在渔业生产过程中，导致财产损失的风险因素大致可分为以下几类。

1. 自然风险

渔业生产是自然因素和人类劳动相互作用的过程，其生产绝大多数是在自然环境下完成的，生产对象是有生命的动植物体，自然环境的异常变化会对其生产产生重大影响。渔业生产中出现的温度异常（持久高温、寒潮）、风暴潮、赤潮、环境污染等都常常给渔业生产经营者带来重大影响。

2. 市场风险

市场风险是指由于市场价格变动带来的渔业收益变动的可能性。一般是指在渔业生产经营过程中，由于种苗、饲料和鱼药等渔业生产资料价格上升，渔获产品价格的下降，或者由于渔获产品和生产资料的价格不能同步增长等造成经济损失的风险。渔业生产的季节性、生产周期长的特点决定了生产决策变化相对于市场变化的滞后性，导致了渔业生产对市场变化的应急反应能力低下。由于生产者缺乏必要的信息指导和交流，只能简单地参照上一生产周期的市场需求状况和价格确定养殖品种及养殖规模，造成养殖业一哄而上和一哄而下，水产品供给出现大起大落的情况，使生产者收益受到影响。另外，水产品鲜活易腐，如果不能及时销售，就会使成本大幅度增加，从而给生产者带来更大的损失。

3. 管理风险和技术风险

由于渔业生产者往往既是管理者，又是技术人员，他们一般根据养殖经验和个人判断来进行经营决策。由于个人能力有差异，管理和技术风险也就出现了。一般表现为：管理者对未来的市场判断不准，选择了不合适的养殖方式、养殖品种和养殖规模；养殖过程中分工不明、责任不清、生产混乱、技术标准和技术规程不合理；生产者技术不熟练、方法不当、操作失误；对生产过程中关键环节出现的问题未采取适时和适度的措施等。管理工作中的任何疏漏，都有可能导致生产的中断，使渔业生产者蒙受损失。此外，在生产经营过程中进行新品种培育和新技术运用都具有一定的风险，一旦失败，就会给渔业生产造成难以挽回的损失。

4. 社会风险

渔业社会风险通常包括以下几个方面：一是渔业产业相关政策变化给渔业个体生产者造成的损失；二是伪劣种苗、饲料和鱼药等生产资料造成的渔业生产损失；三是水域污染给渔业生产造成的损失；四是火灾、偷盗和战争等给渔业生产造成的损失；五是因资源衰退而形成的风险。

三、保险责任与除外责任

在从事渔业生产的过程当中，除了面临自然灾害，还会遭遇意外事故。此外，因疾病灾害造成的损失也很大。保险人应结合地域特点，根据自己的保险技术、业务经营水平以及承担风险的经济能力等条件来确定具体的保险责任。

1. 保险责任

（1）自然灾害：包括暴雨、洪水、涝灾、风灾（暴风、龙卷风、热带气旋及其引发的风暴潮）、冰雹、雷击、连续低温天气、地震、旱灾、冻灾、泥石流、山体滑坡等造成被保险水产死亡。

（2）意外事故：包括火灾、爆炸、建筑物倒塌、空中运行物体坠落。

（3）因遭受前款列明的自然灾害事故而发生溃坎、漫坎，致使被保险水产流失。

（4）疫病或暴发性流行性疾病，即在保险期间，经有资质的检测机构检测或鉴定，因暴发性疾病经医治无法控制导致被保险养殖生物死亡而损失，或养殖生物死亡不可避免时，为防止疫病蔓延而采取捕杀行为的损失。疫病包括草鱼出血病、传染性脾肾坏死病、锦鲤疱疹病毒病、鲤春病毒血症、刺激隐核虫病等35种常见疫病。

2. 除外责任

对下列原因造成的损失、损害、责任和费用均不负责赔偿。

（1）养殖户及其家庭成员或养殖户雇佣人员的故意、违法、重大过失、弃养等行为。

（2）他人恶意破坏、投毒或其他恶意行为及其造成的后果。

（3）工业污水排放污染。

（4）政府命令下的蓄洪、泄洪行为及其他行政行为或司法行为导致的经济损失。

（5）在承保观察期内发生冻害死亡或水产疫病死亡的损失。

（6）用药不足或不当，喂食腐烂饲料，或采用不成熟技术进行试养。

（7）因外部供电系统停电或故障，或养殖设备的设计安装存在缺陷、不正确维护导致。

（8）下列损失、损害、责任和费用即使属于保险责任原因导致，也不负责赔偿：①养殖设施和设备自然损耗、磨损、老化变质、霉烂、受潮、虫咬而发生的正常维护费用；②同类自吃或性成熟引起的死亡，投保人知道或者应该知道的自然死亡，捕捞、分类时发现的短缺或离奇消失，以及其他不明原因导致的短缺；③养殖鱼类在健康观察期内发生疾病而死亡，即使死亡发生在保险期间；④养殖设施损毁残留物及养殖鱼类尸体的清理费用；⑤因养殖鱼类不符合国家农产品质量安全的强制性标准而被禁止上市销售，或因市场价格波动、保险事故引起的各种间接损失；⑥导致任何第三方损失的赔偿；⑦罚没或罚款；⑧约定的免赔额。

四、保险期限

我国水产养殖的范围分布广阔，气候差异性较大，而且养殖品种多样。因此，水产养殖保险期限一般根据不同的保险标的的养殖周期和不同的气候条件来分别确定，具体如下。

1. 养殖周期不满一年

养殖周期不满一年的按实际养殖天数确定保险期限，如对虾的保险期限为 4~6 个月。

2. 养殖周期在一年以上

养殖周期在一年以上的可以一年为保险期，如甲鱼、鲈鱼、鳜鱼、鳗鱼等保险期为一年。特殊情况下可适当延长 1~2 个月的保险期限，相应加收保险费。

3. 承保观察期

不论保险期限的长短，从约定起保之日起，一般都设立 10~15 天的承保观察期，对承保观察期内的任何损失保险人不负赔偿责任。

4. 保险地点变动

保险标的（养殖水产品）中途捕捞、收获、出售或调离约定的保险地点，保险责任自行终止。

五、保险金额

由于受不同的自然条件、经济条件、饲养管理方式与水平的影响，渔业保险金额的确定要结合当地实际，根据当地拟投保的养殖品种的成本投入情况，以及产品市场销售价格来确定保险金额，主要有以下两种方法。

1. 按养殖成本确定保险金额

按保险标的在收获时投入的总成本（最终生产费用）的全部或部分作为承保金额，这种办法多用于养鱼、养虾等保险。其好处是保证被保险人最基本的生产经营能力，使保险人可以正确计算出保险标的在不同生长期的损失金额，便于理赔工作。

例如，养鱼的保险金额可按如下公式计算：

每尾保险金额=每尾保险水产种苗成本+单位重量水产养殖费用成本×渔获期每尾水产成品重量

总保险金额=每尾保险金额×总保险数量（尾）

2. 按照产值确定保险金额

按市场价格或其产品的销售价作为制定保险金额的依据。这种办法主要用于养殖成熟待售水产品的保险或成本一次性投入比例较大的水产品的保险。

无论是按生产成本还是按收获出售价制定保险金额，为防止道德风险，保险人最高只承担七成的责任，另外三成责任由被保险人自己负担。

六、赔偿处理

在实践中，水产养殖保险理赔工作运用了比例法、差量法、三角网塘底抽样法和称重法等方法来确定损失。由于水产养殖保险标的损失的复杂性，责任往往难以分清，给理赔工作带来了一定的困难。为了解决责任难以分清的问题，一旦发生导致索赔的事故，要求投保人做到以下几点。

一是立即用最快的通信方式向保险机构报告，尽力保护现场，并在事故发生后 72 小时内书面说明事故情况。

二是尽可能采取一切必要、合理的措施进行施救。若发现或怀疑属于疾病原因，立即联系并征求相关水产专家意见，采取合理的医治方案，将损失降到最低限度。

三是养殖设施损毁必须立即采取修复措施的，及时拍照或者摄像保存证据，所有损毁的地方都应留有明显标志，以便辨认。

四是若发生养殖生物死亡事故，应当将死亡养殖生物、水和饲料等进行及时取样保存，并进行拍照或摄像，对样本的拍摄应当能够清楚展示其大小、种类、数量及症状等，以便检测鉴定相关原因。

五是若发生疾病事故，养殖水体和养殖生物未经严格消毒处理不得任意排放，尽可能避免交叉感染事件发生。

保险人在接到发生保险事故的通知后，应当及时组织人员进行现场查勘，核定保险标的受损情况。收到索赔请求和相关证明资料后，应及时做出是否属于保险责任的核定，将审核结果通知投保人。

第二节　渔业保险的险种

一、渔业养殖保险

1. 保险标的

凡在行政区域内进行水产养殖的农户、农民专业合作组织或养殖企业均可作为投保人，将符合下列条件养殖的草鱼、青鱼、鲤鱼、鲟鱼（以下统称保险水产品），作为本保险合同的保险标的向保险人投保。

（1）符合当地产业发展规划和布局。

（2）承保标的不得属于畜禽养殖禁养区范围内。

（3）在当地水产养殖管理部门登记备案，养殖面积 10 亩（含）以上。

（4）鱼塘选址与建造要符合相关技术质量要求，有防损抗灾设施（如合格的增氧换水设备、防洪设施等），堤基牢固完好，排灌设施良好。

（5）水源充足，水质良好并符合养殖要求，附近没有污染源。

（6）投保水产品种必须在当地饲养两年以上，必须是无伤残疾病，并处于常规养殖状态，放养密度适宜。

（7）水产养殖场所要有详细的苗种采购票证记录、养殖生产记录、用药记录等内容，且设施符合水生动物防疫要求，养殖管理规范。

（8）鱼塘中保险水产品与非保险水产品混养时，非保险水产品比例低于 15%，非保险水产品视同保险水产品进行承保，高于 15%（含），只对保险水产品进行承保。

（9）投保人在投保时，必须向保险人提供能够反映水产养殖场所位置和规模的水产养殖场所平面图。

在保险合同订立时，上述养殖者或组织统称为被保险人。投保本保险时，投保人必须将被保险人所有符合以上投保条件的保险水产品全部投保，不得选择性投保。

2. 保险责任

在保险期限内，在保险单载明地址的水产养殖场所内，由于下列原因之一造成整体鱼塘保险水产品死亡（或逃逸）率达到 20%（不含）以上或单池保险水产品死亡（或逃逸）率达到 20%（不含）以上的，保险人依据本保险合同的约定负责赔偿：因遭受暴风、暴雨、洪水、雪灾、地震、冰雹、雷击、泥石流、山体滑坡等造成的保险水产品死亡；遭受上述自然灾害事故而发生的溃塘、漫塘，致使保险水产品逃逸。

3. 责任免除

在保险期限内，由于下列原因之一造成保险水产品遭受损失的，保险人不负赔偿责任。

（1）被保险人及其饲养管理人员管理不善或故意行为造成死亡的。

（2）他人的盗抢、投毒等破坏行为。

（3）被保险人未主动征询、或拒不接受当地水产技术部门的意见和指导盲目购苗，或采用不成熟的新技术进行养殖试验。

（4）投苗密度异常，管理措施失当，未做到适时换水或对水质进行有效的监控。

（5）工业和建设污水、污物的排放污染和田间农药的流入。

（6）不符合国家农产品质量安全的强制性标准，生产的水产品被禁止上市销售的。

（7）属于政府行洪、土地开发等行为，导致保险水产品无法及时转移或售卖的损失，以及其他行政行为或司法行为导致的损失。

（8）被保险人的弃养行为、或已改养其他非本保单约定的水产品种类。

（9）发生溃塘、漫塘致使保险水产品逃至同一被保险人所有、承包或管理的池塘。

（10）供电部门的停电致使增氧机、水泵无法开启而导致的保险水产品死亡。

（11）在观察期内发生保险责任范围内事故的。

（12）其他不属于保险责任范围内的损失。

4. 保险期限

保险期限分为：保险草鱼、青鱼、鲤鱼的保险期限为一个养殖期，最长不超过 12 个月，具体以保险单载明的起讫时间为准。保险鲟鱼的保险期限为 12 个月，具体以保险单载明的起讫时间为准。

5. 赔偿处理

发生保险责任范围内的损失，保险人按以下方式计算赔偿。

（1）保险草鱼、青鱼、鲤鱼发生保险责任范围内的损失。

第一，发生保险合同约定的水产品死亡损失，保险人按以下方式计算赔偿：

赔偿金额＝（保险水产品损失数量÷保险水产品投保的总数量）×保险金额×损失亩数×（保险期限内已养殖的天数÷保险责任期间的总天数）×（1－15%）

第二，发生保险合同约定的保险水产品逃逸损失，保险人按以下方式计算赔偿：

赔偿金额＝保险水产品损失程度×溃塘/漫塘池塘内保险水产品的保险金额×损失亩数×（保险期限内已养殖的天数÷保险责任期间的总天数）×（1－15%）

（2）保险鲟鱼发生保险责任范围内的损失。

第一，发生保险合同约定的保险水产品死亡损失，保险人按以下方式计算赔偿：

赔偿金额＝（保险水产品损失数量÷保险水产品投保的总数量）×保险金额×损失亩数×［（保险期限内已养殖的天数＋投保时已养殖的天数）÷365］×（1－15%）

第二，发生保险合同约定的保险水产品逃逸损失，保险人按以下方式计算赔偿：赔偿金额＝保险水产品损失程度×溃塘/漫塘池塘内保险水产品的保险金额×损失亩数×［（保险期限内已养殖的天数＋投保时已养殖的天数）÷365］×(1－15%)

（3）保险水产品损失数量不超过保险水产品投保的总数量（含）时，保险水产品损失数量按实际损失数量计算；保险水产品损失数量超过保险水产品投保的总数量（不含）时，保险水产品损失数量按保险水产品投保的总数量计算。保险期限内已养殖的天数与投保时已养殖的天数之和不超过 365 天（含）时，按保险期限内已养殖的天数与投保时已养殖的天数之和的实际天数计算；保险期限内已养殖的天数与投保时已养殖的天数之和超过 365 天（不含）时，保险期限内已养殖的天数与投保时已养殖的天数之和按 365 天计算。

二、海上网箱鱼类养殖保险

海上网箱鱼类养殖保险是以投保人拥有的养殖鱼类和养殖设施为保险标的的保险，应将其在合同中以清单形式列明。同一区域内的养殖鱼类和养殖设施应一次性全部投保。

1. 保险责任

（1）基本责任。保险期间，经省海洋监测预报中心或县级以上气象部门证明，因养殖区域遭受风力达到或超过 11 级的暴风、龙卷风、热带气旋及其引发的风暴潮，造成养殖设施或设备损毁，导致被保险养殖鱼类损失达到约定的程度。

（2）附加责任。主要包括以下两点：①附加赤潮险，是指经省海洋监测预报中心证明，养殖水域海藻、浮游生物或细菌大量繁殖或高度聚集发生赤潮造成被保险养殖鱼类死亡而损失。②附加暴发性疾病险，是指具有资质的检测机构检测或鉴定，因暴发疾病经医治无法控制导致被保险养殖鱼类大量死亡而损失。

上述附加险只有在投保基本险的基础上方可投保，且应在投保时一次性确定。

2. 责任免除

任何情况下，由下列原因造成的损失、损害、责任和费用不负责赔偿。

（1）会员或其家属、雇工的故意、违法、重大过失、弃养等行为。

（2）他人恶意破坏、投毒或其他恶意行为及其造成的后果。

（3）在任何情况下发生的污染，包括但不限于环境污染、自身污染。

（4）政府行排蓄洪，政府强制行为包括但不限于强制捕杀、政府其他命令。

（5）种苗投放密度异常，拒不接受当地水产技术部门等的指导意见盲目进行养殖生产。

（6）用药不足或不当，喂食腐烂饲料，或采用不成熟技术进行试养。

（7）因外部供电系统停电或故障，或养殖设备的设计安装存在缺陷、不正确维护导致。

（8）未投保相应附加险及其他原因。

（9）下列损失即使属于保险责任原因导致，也不负责赔偿：①养殖设施和设备自然损耗、磨损、老化变质、霉烂、受潮、虫咬所造成的损失和费用；②同类自吃或性成熟引起的死亡，投保人知道或者应该知道的自然死亡，捕捞、分类时发现的短缺或离奇消失，以及其他不明原因导致的短缺；③养殖鱼类在健康观察期内发生疾病而死亡，即使死亡发生在保险期间；④养殖设施损毁残留物及养殖鱼类尸体的清理费用；⑤因养殖鱼类不符合国家农产品质量安全的强制性标准而被禁止上市销售，或因市场价格波动、保险事故引起的各种间接损失；⑥导致任何第三方损失的赔偿；⑦罚没或罚款；⑧合同约定的免赔额。

3. 保险期限

保险期限自投保并按约定缴纳保险费之次日起，最晚至当年12月15日止，具体起讫时间在保险凭证中载明。养殖鱼类苗种投放时间或收捕时间在保险期间内的，养殖鱼类的保险责任自苗种实际投放时起效，至实际收捕时终止。

4. 健康观察期

自苗种实际投放至保险凭证中载明的养殖地址之日起20天为保险养殖鱼类健康观察期。在健康观察期内发生疾病，导致鱼类死亡的损失无论发生在健康观察期内还是期满后，均不承担保险赔偿责任。

5. 责任延续期

保险期间，发生保险责任事故之日起5天为该次事故责任延续期，在责任延续期内导致养殖鱼类累计逃逸或死亡达到约定的程度，承担保险赔偿责任。

6. 保险金额

网箱养殖设施的保险金额根据其数量、类型、材料、重置价等因素确定。网箱类型属于多样的，应分项以清单形式确定其金额。养殖鱼类的保险金额根据鱼类苗种投放数量、规格、每月申报存量和投保单价确定。

7. 保险费率与保险费

投保时，按鱼类实际存量、苗种投放计划、正常存活率、鱼类增重规律、对应保险费率和对应保险责任月风险系数计算并预收鱼类保险费。

第三节 渔业的投保事项

一、选择合适的保险机构

投保人首先要明确本地区是否有渔业保险业务经营机构，如果有，就得知道这个机构是商业保险公司还是渔业互保协会。一般来说，渔船都选择去渔业互保协会投保，养殖水产品都选择去商业保险公司投保，渔民人身都选择去渔业互保协会投保。保险机构的选择决定了灾后获得赔偿的多少和受灾救助的效果。

二、投保合适的保险种类

渔业保险分为全损保险和综合保险，两者的保险责任不同，在投保时要注意区分。投保全损险只能当渔船全损或推定全损时才能获得保险赔付，渔船因自然灾害或意外事故造成的部分损失和对第三者应当承担的一些责任不能从保险机构获得赔偿。此外，去南沙生产作业的渔船建议投保南沙渔业生产涉外责任保险，规避涉外风险。

三、选择合适的承保比例

由于渔船是海上作业流动性很强的物体，在航行生产作业中容易受到海洋突变气候、水下危险物以及其他流动物体（如大型货运船舶）的威胁和损害。一旦发生海损事故，如得不到及时救援，往往损失十分巨大，而且现场取证、查找事故原因困难，理赔时也容易产生争议。渔船市场价格直接受生产好坏的影响不断发生变动且起伏较大，确定渔船的实际价值十分困难，这些特点使得渔船保险容易产生道德风险。因此，渔船保险普遍实行不足额承保，即只能按渔船的新旧程度和安全状况确定比例投保。

四、发生事故后第一时间报案

在发生事故后，船东应利用最有效的通信手段立即通知有关渔政渔港监督和保险机构，并须在到达第一个港口后 24 小时内，提交事故报告。要求第一时间报案，一是有利于对事故原因和损失情况及时展开调查，避免因延误时间造成勘验理赔困难；二是能够及时通知相关部门采取适当抢救措施，防止损失进一步扩大，若发生碰撞肇事逃逸事故，则可立即采取措施查找肇事船；三是避免发生道德风险，事故发生与报案时间间隔越短，发生道德风险的可能性就越小。

五、渔民保险

投保渔民保险，要注意区分雇主责任保险与意外伤害保险。雇主责任保险与意外伤害保险相比，有 3 点不同：一是被保险人、保险标的不同。雇主责任保险被保险人是雇主，保险标的是雇主依法对雇员承担的因生产安全事故造成损害的赔偿责任。意外伤害险的被保险人是单位的雇员（员工），保险标的是被保险人（雇员）的身体或生命。通俗地说，就是理赔对象不同，但受益的都是雇员（员工）。二是赔偿的依据和法律后果不同。雇主责任保险是依据安全主管部门认定的生产安全事故造成的人身伤害，根据法律或雇用合同，雇主对雇员应承担的经济赔偿责任，由保险公司负责赔偿。可见，从理赔依据上看，雇主责任保险更权威、更直接、更简便。三是法律后果不同。从法律后果看，雇主责任保险的赔偿是保险人代替被保险人（雇主）依法履行赔偿责任的一部分或全部，具有转嫁事故民事赔偿责任，减轻雇主经济赔偿压力的作用。工伤保险、意外伤害险是劳动保障部门、保险公司的赔偿，并不能免除或减少投保单位或雇主对被保险人应尽的赔偿责任。为此，渔船船东如果想要转移自己可能承担的赔偿责任时，一定要选择购买雇主责任保险。

参考文献

陈雪飞，2007. 农村金融学［M］. 北京：中国金融出版社.

冯文丽，杨美，2011. 农业保险投保指南［M］. 北京：中国农业出版社.

龙文军，齐皓天，李向敏，等，2018. 现代农业保险政策与实务［M］. 北京：中国农业出版社.

王亚林，2014. 实用农村金融知识读本［M］. 兰州：兰州大学出版社.

杨伟坤，李巧莎，耿军会，2014. 农村金融知识读本［M］. 北京：中国农业出版社.

杨子强，2012. 农村金融实用知识读本［M］. 济南：山东人民出版社.